高等职业教育学前教育专业"理实一体化"立体教材

幼儿园班级管理

主　　编　刘　娟
副 主 编　赵宜君　李　享
参编人员（按姓氏笔画排序）
　　　　　王永洁　刘亚玲　张鲁青
　　　　　杨丽娟　姚凯帆

 南京大学出版社

图书在版编目(CIP)数据

幼儿园班级管理 / 刘娟主编. -- 南京：南京大学出版社，2020.8(2021.7 重印)
ISBN 978-7-305-23622-8

Ⅰ. ①幼… Ⅱ. ①刘… Ⅲ. ①幼儿园—班级—学校管理 Ⅳ. ①G617

中国版本图书馆 CIP 数据核字(2020)第 130425 号

微信扫码

更多数字资源

出版发行	南京大学出版社
社　　址	南京市汉口路 22 号　　邮　编　210093
出 版 人	金鑫荣

书　　名	幼儿园班级管理
主　　编	刘　娟
责任编辑	钱梦菊　　　　　　编辑热线　025-83592146
照　　排	南京南琳图文制作有限公司
印　　刷	南京鸿图印务有限公司
开　　本	787×1092　1/16　印张 9　字数 202 千
版　　次	2020 年 8 月第 1 版　2021 年 7 月第 2 次印刷
ISBN	978-7-305-23622-8
定　　价	30.80 元

网址：http://www.njupco.com
官方微博：http://weibo.com/njupco
微信服务号：NJUyuexue
销售咨询热线：(025) 83594756

* 版权所有，侵权必究
* 凡购买南大版图书，如有印装质量问题，请与所购
　图书销售部门联系调换

前　言

《幼儿园班级管理》是高职高专学前教育专业的一门专业必修课程，了解班级管理的内容、掌握班级管理的方法是幼儿教师的必备素质。本教材打破传统管理教材的理论化倾向，围绕幼儿教师管理应备的核心素养，根据幼儿园班级管理工作岗位需要的知识、能力和素质要求，在广泛征求幼儿园园长和教师意见的基础上，设定幼儿园班级管理概述、幼儿园班级安全管理、幼儿园班级一日生活常规管理、幼儿园班级教育活动管理、幼儿园班级环境创设与管理、幼儿园班级人际关系管理、幼儿园班级中的其他管理等七个主题，力图梳理出幼儿园班级管理的主要内容，使读者对幼儿园班级管理的体系与方法有清晰的认识和理解，使学前教育专业的学生对真实的幼儿园班级管理有初步的认识，并通过实操练习，初步掌握一些有效的班级管理方法，有利于学生毕业入职时较快、较好地适应幼儿园工作。本教材有如下四个特点：

一是注重学科基础性。本教材有意省去了一些无关紧要而又枯燥烦琐的艰深理论，强调了该课程的基础性。教材结构脉络清晰，着重探讨幼儿园班级管理的基本问题。

二是强调知识实用性。本教材将理论与实践相结合，在系统讲述有关幼儿园班级管理理论知识的同时，融入了大量鲜活的幼儿园班级管理案例，引导学生利用所学的知识去解决现实存在的问题，突出强调了幼儿园班级管理中应该怎么做。

三是突出管理前瞻性。本教材力求内容科学、严谨、规范，同时争取呈现更多的幼儿园先进管理理念和操作性知识。当代高职高专学前专业学生是未来幼儿教育事业发展的中流砥柱，应该接触学习一些先进的管理知识，为未来的幼儿教育革新奠定人才基础。

四是注重学生自主学习。本教材提供了大量的管理案例，鼓励学生借助网络资源、图书资源、期刊资源等去思考案例，并能够将理论运用到实践中。

本教材由刘娟担任主编,负责全书的整体规划、提纲拟定;赵宜君、李享担任副主编,负责书稿初审和最终统稿工作。具体编写分工为:刘娟负责编写第一章、第七章,赵宜君负责编写第二章,李享负责编写第三章,王永洁、张鲁青负责编写第四章,姚凯帆负责编写第五章,刘亚玲、杨丽娟负责编写第六章。

本教材在编写过程中参考、引用并借鉴了国内外诸多学者的论著和文章,在此向各位同行、前辈表示敬意和感谢。由于时间紧迫和编写人员水平有限,本教材难免有疏漏和不妥之处,敬请广大专家和读者批评指正。

编 者

2020 年 5 月

目　录

第一章　幼儿园班级管理概述 ··· 001
　　第一节　幼儿园班级管理的概念、内容、特点及意义 ··················· 002
　　第二节　幼儿园班级管理基本原则、方法及影响因素 ··················· 008

第二章　幼儿园班级安全管理 ··· 019
　　第一节　环境安全管理 ··· 020
　　第二节　一日生活安全常规管理 ··· 023
　　第三节　意外事故安全管理 ··· 035

第三章　幼儿园班级一日生活常规管理 ·· 041
　　第一节　一日生活常规管理 ··· 042
　　第二节　一日生活安全管理 ··· 059

第四章　幼儿园班级教育活动管理 ·· 066
　　第一节　幼儿园户外活动指导与管理 ··· 067
　　第二节　幼儿园区域活动指导与管理 ··· 074
　　第三节　幼儿园集体教育活动指导与管理 ··································· 081

第五章　幼儿园班级环境创设与管理 ··· 089
　　第一节　幼儿园班级环境概述 ·· 090
　　第二节　幼儿园室内环境的创设与管理 ······································ 094
　　第三节　幼儿园室外环境的创设与管理 ······································ 096

　　第四节　幼儿园班级精神环境的创设与管理……………………………… 101

第六章　幼儿园班级人际关系管理……………………………………………… 105
　　第一节　同伴关系的管理………………………………………………………… 106
　　第二节　幼儿教师与幼儿的关系管理…………………………………………… 110
　　第三节　幼儿教师与同事之间的关系管理……………………………………… 114
　　第四节　幼儿教师与家长之间的关系管理……………………………………… 117

第七章　幼儿园班级中的其他管理……………………………………………… 121
　　第一节　幼儿园班级物品与财务管理…………………………………………… 122
　　第二节　幼儿园班级文案的管理………………………………………………… 127
　　第三节　幼儿园班级信息管理…………………………………………………… 133

参考文献…………………………………………………………………………… 137

第一章 幼儿园班级管理概述

1. 了解幼儿园班级管理的概念及主要内容；
2. 理解幼儿园班级管理的特点及重要性；
3. 掌握幼儿园班级管理的基本原则及管理办法；
4. 了解影响幼儿园班级管理的因素；
5. 能根据幼儿园班级管理的特点与原则设计相应的班级活动；
6. 能根据影响幼儿园班级管理质量的因素设计相应的班级活动；
7. 树立科学管理班级的理念，积极开展相应的班级活动。

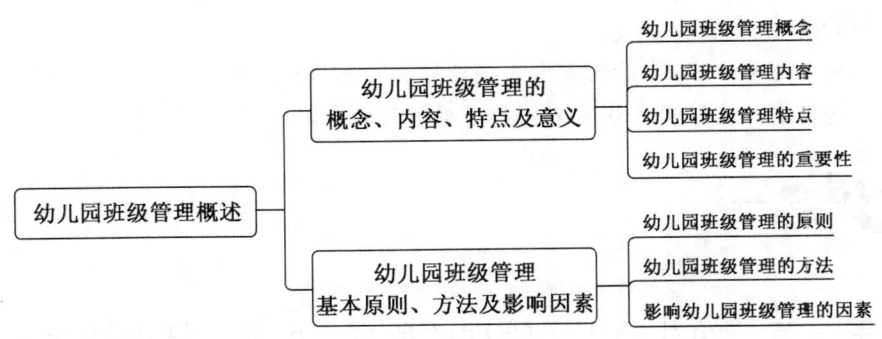

标制的作用

在班级管理中由于人多难免会有一些磕磕碰碰的事情发生,每天来告状的孩子也真不少。为了使班级里少发生告状的事情,我引导小朋友在班级里制定出一份规则。至于是什么规则,我让孩子自己说。可说了很多以后,又有小朋友提出,记不住这么多规则。丁金杉就说了,把它画下来。我说这个办法不错,就画下来,至于用什么图形还得你们自己讨论,最后定下了以下图形代表。

"床"的图形代表午睡不乖的。

"拳头"的图形代表打人、推人。

"书本"图形代表撕毁图书,扔图书,卷图书。

"人"的图形代表躺在地上。

"嘴巴"图形代表骂人,午餐时说话或是说不团结的话。

"椅子"图形代表午睡、放学没放好小椅子的,搬椅子推的,上课椅子坐不住的。

"脚"的图形代表课间追跑、踢人以及上下楼梯、去洗手间等追跑现象。

自从这个规则在班级实施以后,第一周被写上学号的还真不少,特别是户外活动结束以后回教室,以前都喜欢跑进教室。现在把那些跑的孩子的学号都写在上面。此后,班级外出回来再也没有争跑的现象了。每天有一个小老师在观察记录着,但并不是说一开始就会写上学号,而是针对在小老师或是老师的提醒下还不改正的小朋友。但也有去掉学号的方法,就是在一整天的活动中受老师表扬的,那么就可以将功抵过去掉他的学号。通过轮流来当小老师互相监督,孩子们逐渐自觉起来了。

思考:

1. 从上述案例中,我们能看出哪些班级管理问题?
2. 这位老师的解决方法有哪些是值得学习的?

第一节 幼儿园班级管理的概念、内容、特点及意义

一、幼儿园班级管理概念的界定

管理是协调与他人共同工作和活动,使活动更加有效的过程,包括计划、组织、协

调、控制四项基本职能。管理的核心是对资源的有效整合。

关于班级管理的概念，不同学者提出了不同的主张，主要有以下两种观点。一是将班级管理视为班主任带领学生完成上级赋予的班级管理职责。比如"班级管理是班主任按照学校计划和教育目标的要求，充分利用和调动学生班级内外的力量，进行班级教育任务的组织、指导、协调、控制等各种活动。"这种班级管理的观点更偏重于自上而下的、幼儿教师主导的管理目标的达成与规范的遵守。二是将班级管理视为师生共同经营的活动。比如"班级管理乃是幼儿教师或是师生在教室社会体系中，遵守一定的准则规范，在师生互动的情境下，适当而有效地处理班级中的人、事、物等各项业务，以建构良好的班级气氛、发挥有效教学的效果，达成全人教育目标的历程。"这种班级管理的概念是将班级建设的意义融入班级管理的语境，强调了师生共同建构、实现育人目标的历程。

这两种表述虽然没有本质的区别，但后者更加突出了以班级一日活动为载体以及"一日活动即课程"的幼儿教育观，这是幼儿园教育区别于小学教育的重要特征。因此，幼儿园班级管理是以班级一日活动为载体，为实施以促进幼儿发展为目标的各项活动提供良好资源与条件的组织管理活动。

二、幼儿园班级管理的内容

幼儿园班级管理一般由生活管理、教育管理和其他管理组成。其他管理包括家园交流管理、班级间交流管理、班级社会活动管理等。

（一）生活管理

幼儿园班级生活管理是为了保证幼儿的身体正常发育、心理健康成长，保教人员围绕幼儿在园内的起居、饮食等生活方面的需要而从事的管理工作。

生活管理的主要内容包括：

1. 学期（学年）初的工作

（1）填写班级幼儿名册，填写幼儿家庭情况登记表，明确家园联系方法。

（2）家访并调查幼儿家庭教养情况，初步了解幼儿生活习惯，做好记录。

（3）安排幼儿个人用的床、衣柜、毛巾架、水杯格，写上姓名并做好便于幼儿识别的标记。

（4）初步布置活动室环境，安排室内家什、准备活动设施等。

（5）观察幼儿一日生活的言行举止并记录分析。

（6）依据幼儿一日生活表现的观察分析与家访调查，制订班级幼儿生活管理计划与措施。

2. 学期（学年）中的工作

（1）每日班级保教人员根据幼儿一日生活程序履行生活管理的职责。

(2) 每日保管好幼儿生活用品。
(3) 每日做好班级内外幼儿活动场地的清洁工作和各项设备的安全检查。
(4) 每周对活动玩具进行消毒,更换生活用品。
(5) 每周检查班级幼儿生活管理计划的实施情况。
(6) 每周初,班级教师集中进行内部教研,总结上周经验,调整本周幼儿生活管理的工作内容与措施,分工负责。
(7) 观察幼儿生活行为,记录好其表现。
(8) 对幼儿计划免疫、疾病、传染病情况进行登记。
(9) 体弱幼儿的生活护理。

3. 学期(学年)末的工作

(1) 汇总平日对幼儿生活表现的记录,做好对幼儿生活情况的小结。
(2) 总结班级幼儿生活管理工作,找出优势和不足。
(3) 向家长发放幼儿在园生活情况小结,指导家长对幼儿假期生活进行管理。
(4) 整理室内外环境,对集体用品、材料进行清点登记。

(二) 教育管理

幼儿园班级教育管理是班级保教人员在班主任教师带领下对班级幼儿进行调查研究,对教育过程进行精心设计组织,对教育结果进行细致评估等一系列的工作。

幼儿园班级教育管理的主要内容包括以下几个方面:

1. 开学初工作

(1) 结合家访和对幼儿的观察分析,完成对班级幼儿发展水平的初步评估并做好分析记录。
(2) 根据幼儿情况及班级条件,制订详细的幼儿教育计划。该计划应包括阶段性的班级教育教学目标及完成进度的日程安排,还有考虑特殊情况的处理方法。如:针对班级教学中的问题开展教学研究活动。
(3) 根据教育教学计划,准备幼儿的绘画、手工材料、卡片、游戏工具等。
(4) 班级保教人员共同制订各项教学活动的组织形式及常规,建立班级教育活动的运转机制。

2. 学期中的教育常规管理

(1) 每日事务:准备好当日教学所需的材料,做好前一阶段知识的复习,保证教育教学的连贯性。
(2) 每周工作:根据年级教研组的备课计划制订每周活动安排及每日教学计划;提前做好教具、学具材料的搜集与制作;写教育笔记,记录幼儿一周的学习表现。
(3) 每月工作:月初制订好月教育目标、教学活动进度;召开班级教师会议,研究

班级教育工作的具体内容和措施,协调分工与配合;做好个别儿童教育的计划及修订措施;月末整理各种教育材料与资料;根据教育内容适当调整活动室安排,布置更新环境。

3. 期末工作

(1) 整理教育活动方案、教育笔记和幼儿作品档案。
(2) 做好幼儿全学期的评估工作,写好幼儿发展情况及表现的小结。
(3) 完成教师自身评估,总结个人教育目标实现、教育方法运用的情况。
(4) 教育活动剩余材料的清点与登记。

(三) 其他管理

家园交流管理、班级间交流管理、班级社会活动管理等是除了生活管理、教育管理之外的幼儿园班级管理工作。

1. 家园交流管理

家庭是幼儿的第一所学校,要取得良好的教育效果,需要幼儿园和家庭加强交流与合作,共同促进幼儿发展。

家园交流管理的主要内容包括:

(1) 主动地与幼儿家长联系,交流幼儿在园内、园外的表现。
(2) 帮助家长创设家教环境与生活环境,营造良好的家庭氛围。
(3) 向家长提供幼儿生活、教育常识的指导,定期了解家庭教育的情况。
(4) 向家长宣传正确的保教思想,争取家长对园内班级管理的理解,使家长能自觉抵制社会上错误的教育舆论。
(5) 建立家庭与幼儿园的联系机制,保证联系渠道通畅,共同处理好幼儿在园内的突发事件。

2. 班级间交流管理

班级间交流活动是幼儿园内班级之间进行的各种活动,如园内运动会、班级联谊会、节假日园庆活动等。两个班级或更多班级的幼儿一起生活、游戏,必然给班级管理工作提出更多的问题。对班级间交流活动进行良好管理,有利于幼儿掌握与他人分享、合作和竞争的技巧,懂得情感交融的重要性。

班级间交流管理的主要内容包括:

(1) 选择班级之间交流的主题。
(2) 联系相关班级共同策划活动方式。
(3) 做好本班级幼儿心理准备、体能准备和经验准备。
(4) 指导幼儿遵守参与活动的规则和纪律。
(5) 在活动中关注幼儿与陌生小朋友的交往情况,及时解决突发事件。

(6) 协调与其他班级保教人员的工作关系,明确自己的责任。

(7) 活动结束做好总结,引导幼儿回顾活动主要情景,强化活动效果。

3. 班级社会活动管理

幼儿园时常要组织幼儿参加社会的各种活动,因此保教人员还要做好班级社会活动的管理。班级社会活动管理的主要内容包括:

(1) 保教人员准备本地区的各项资料,选择适合幼儿特点的活动主题,如地区气候现象、交通规则、社区公约、社区娱乐活动等。

(2) 根据活动的性质,准备活动需要的各种材料。

(3) 针对幼儿活动可能变化的因素,做好充分的安全保护措施。

(4) 在活动中理解幼儿的能力和需要,适当调整活动的时间、形式和任务。

(5) 关注活动结束时幼儿的心理,做好活动总结。

三、幼儿园班级管理的特点

(一) 教育性

班级管理工作的教育性体现在方方面面。根据国家教育方针、幼儿园教育目标和任务,结合班级幼儿实际情况制定班级幼儿发展目标,围绕目标开展一系列的保教活动,使教育目标真正落实在幼儿身上,并体现在对班级幼儿的保教过程和保教环境中。班级环境有充分的育人功能,无论是班级活动的环境还是班级保教人员的言行举止,对幼儿都具有教育性,在潜移默化中影响着幼儿。在对班级幼儿的管理工作中,通常要严格执行幼儿生活制度、建立活动常规等,这些管理措施都具有教育性。教师在班级管理活动中,可以有意识地设计有趣的活动,让幼儿在快乐的游戏活动中养成良好的生活习惯和学习习惯。

(二) 集体性

班级保教人员要对班级幼儿全面负责,要将幼儿全面发展的教育贯穿在各种活动之中。班级保教工作是通过有目的、有计划的教育活动、一日生活活动以及户外体育活动来促进幼儿德、智、体、美、劳全面和谐发展。因此,班级保教人员应注重保教结合,发挥教育的整体效能。幼儿园保教工作是班集体的保教方式,保教人员必须培养集体中幼儿良好的一日活动常规,建立良好的集体活动秩序。幼儿在集体生活的相互影响中学习,可培养良好的社会适应性。另外,班级保教人员也是一个集体,必须相互协商配合。只有对班级幼儿进行一致的、整体的教育,才能取得良好的保教效果。保教人员在面向全体幼儿提出整体要求的同时,还要做到因人施教,照顾个别幼儿的需要,使班级每个幼儿都能得到充分的发展。

（三）主导性

班级保教人员在保教过程中起着主导作用，班级管理工作的控制性即教师的主导作用只能加强不能削弱。保教人员要依据幼儿发展目标积极主动地设计、组织好各类活动，有效促进幼儿的发展、服务于家长，努力创设与教育相适宜的班级环境；在发挥主导作用的同时注意调动幼儿参与活动的积极性，为幼儿提供参与活动的机会，提供充分的活动材料，体现幼儿的主体地位。

（四）开放性

幼儿教育是幼儿园、家庭和社会三位一体的教育。班级保教工作要取得预期效果，必须与家长密切配合，积极地开展家长工作，与家长主动交流、相互学习，取得家庭教育资源的支持。同时还应取得社区的广泛支持与协助，以开放的理念开展好班级保教工作。

（五）创造性

幼儿园教育不同于一般的学校教育，它是在幼儿一日生活中完成的，通过生活游戏、教学活动、参观等多种形式进行的。而且，各班幼儿情况不一样，不能照搬现成的教育规律和经验，需要教师不断创新教育活动的内容和方法，创造性地开展保教工作。

幼儿园班级保教工作有一定的难度和挑战性，教师要针对幼儿不同的个性特征，充分发挥自身的能动性，创新教育形式。在保教实践中根据幼儿实际，因材施教，注重引导，不断探索出有效的教育形式，实现促进幼儿全面和谐发展的教育目的。

四、幼儿园班级管理的重要性

（一）对学前教育专业学生的意义

幼儿园班级管理是学前教育专业必修的职业能力核心课程。通过学习该课程，学前教育专业的学生可以获得如下益处。

1. 获得关于幼儿园班级管理的理论知识，习得幼儿园班级管理的基本技能

通过专门的课程学习与实践，学前教育专业的学生可以了解幼儿园班级管理的目标、任务和主要内容。他们能用正确的儿童观和教育观分析幼儿园班级管理中的问题，从而在未来工作实践中，不仅能知其然，还能知其所以然。

2. 学习作为一个未来的幼儿园班主任应具有的基本素养

幼儿教师班级管理的基本素养包括切实理解幼儿的个人心理和学习需要，维护良好的师幼关系和家园关系，从而创设有利于满足幼儿发展基本需要的班级环境。

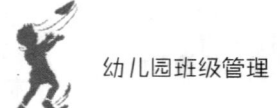

幼儿教师应适时采用适合本班幼儿需要的班级管理方法,最大限度地调动幼儿参与活动的积极性与主动性,最大限度地保障幼儿的健康与发展。当然,这些素养的习得不能单靠幼儿园班级管理这一门课程。幼儿教师素质的培养是学前教育专业学生从入学接受教育时开始启动,踏入工作岗位后持续努力,不断进行自我塑造的过程。

(二)对在职幼儿教师的意义

做好幼儿园班级管理工作是近些年来在幼儿园实践中发现的新课题,是"重塑专业自我,做一个专业的幼儿教师"呼声中需要面对的问题。幼儿教师个体的专业化是指幼儿教师特有的教学品质和专业行为表现。那么,在实际工作中,什么样的做法能体现一个幼儿教师的专业特性?什么样的做法是非专业的行为?什么样的做法又是违背专业规则的呢?研究这些问题对提高我国学前教育质量有着重要意义。因此,本书对入职前未学过幼儿园班级管理课程的在职幼儿教师来说有如下帮助。

1. 理论引导,减少失误

在职幼儿教师可以利用业余时间学习本书内容,获得一些专业引领,减轻因专业知识与专业技能欠缺而带来的困扰,减少工作失误。

2. 吸收借鉴,提高效能

书中提供了许多优秀幼儿教师的活动方案,在职幼儿教师既可以采取"拿来主义"的方式"按图索骥",吸收借鉴,提高工作效率,又可以进一步思考这些方案对本班级的适应性,提高自己的专业判断能力。

3. 分析反思,提升自信

书中的内容可以让一些有经验的教师反思自己的班级管理经验,增强他们对幼儿园班级管理的感性认识,提高其运用教育理论进行班级管理实践的能力,提升专业自信,让班级管理不只停留在"技术"层面,而是要不断改进,上升为"艺术"。

第二节 幼儿园班级管理基本原则、方法及影响因素

一、幼儿园班级管理的原则

班级管理原则是幼儿园在班级管理工作中必须遵循的一般行为准则。

(一)主体性原则

在班级人员组成中有教师和幼儿,教师作为班级管理的主体,具有主体性、创造

性和主动性。同时，也要尊重幼儿作为生活和游戏活动主体的地位和自主性。

1. 教师是班级管理的主体

教师是班级管理的最大责任者，拥有班级管理的权力，是班级管理的主体。不管是园长，还是更高级的领导都要充分尊重教师的主体地位，充分相信教师的班级管理能力，相信教师能够运用自己的聪明才智找到最合适自己班级幼儿特点的管理办法。这需要给予教师充分的自主管理的时间和空间，让教师积极、主动地探索，自主、专注地投入自己的班级管理工作中，真正实现教师的主体性。这种专注和投入会让他们获得一种职业的神圣感、快乐感和满足感。因此，在幼儿园管理工作中，要想办法给老师提供适宜的工作环境，尽可能地减少外界的干扰，让教师专心于自己的工作，提高班级管理成效。

2. 幼儿是班级生活和游戏活动的主体

"学生是学习活动的主体"已经是教育学中大家普遍接受的命题，所以，在任何时候，幼儿都必然是也应该是学习和游戏活动的主体。由此，必须做到以下两方面：

第一，必须相信孩子有自我发展和自我管理的能力，尊重每个孩子的个性和主体性，学会倾听每个孩子的心声，并尽可能地分析理解他们的想法，帮助他们在完成教学计划的活动中实现自己的愿望，满足他们的"内在需要"。著名的儿童教育家蒙台梭利（Montessori）认为，儿童都有自己的"内在的需要"，这种"内在需要"一旦被某种玩教具材料激发出来，幼儿就会表现出极大的乐趣和稳定性。儿童在满足他们"内在需要"的活动中，也在完成着自己的成长历程。

第二，尊重孩子的兴趣爱好和自我选择。一旦孩子投入自己喜欢的活动中，就要尽量少去干涉和干扰，让幼儿在沉迷中获得快乐和自然的成长。但现实中，幼儿园的生活环节是一个接一个的，孩子们往往是被动地让老师牵着、拽着，从一个环节到下一个环节。

（二）全面发展原则

全面发展原则既包括面向全体幼儿，促进班级中每一个幼儿的发展，又包括确保每一个幼儿德、智、体、美、劳全面发展，促进其身心和谐发展。

1. 班级管理要坚持面向全体幼儿

教师对班级的管理既是对集体的管理，也是对每个幼儿个体的管理。教师在班级管理工作中，要照顾到每一个孩子的发展。

首先，幼儿园教师要做好班集体活动管理，要针对本班幼儿的年龄特点提出整体要求，并充分利用良好的班集体氛围熏陶和感染其中的每一个孩子，使其在集体中发展。

其次，在班级管理工作中，还要有大量的个别活动时间。教师要把班集体中的每一个孩子都纳入管理工作的视野，充分注意每个幼儿个体的活动状态，耐心倾听他们

的表达,积极与他们交流,热情提供他们可能需要的帮助。

2. 幼儿的身心发展是一个整体

幼儿教育的中心任务是促进幼儿全面素质的发展和提高。幼儿的发展不是某一方面素质的提高,而是德、智、体、美诸方面和谐发展。这就决定了幼儿教育是协调多种教育资源,发挥多方面教育影响的系统工程。同时,幼儿的生活具有促进幼儿多方面发展的价值,但生活本身就是一个整体,儿童在生活中学习、成长和发展,这同样要求整体地看待幼儿的发展。把幼儿的发展视为一个整体,是符合幼儿身心发展的特点和成长规律的。

所以,我们对幼儿的培养和教育应是全方位的,要综合地考虑幼儿身心发展的所有方面,要在生活的一点一滴中积累,确保幼儿的全面发展。

(三)高效性原则

高效性原则是指幼儿园教师在进行班级管理工作中,要以最少的资源投入,尽可能地使幼儿获得更多、更全面、更快、更好的发展。

1. 幼儿园每日活动要有计划地安排,确保每日活动有序进行

幼儿园班级管理要有计划、有系统地进行。班级的学期计划、月计划、周计划、日计划要整体安排,符合幼儿身心发展的规律。确保班级活动由浅入深、由易到难、层层铺垫、环环相扣,让幼儿学起来轻松自如,实现班级管理的高效性。

2. 班级管理中教师要学会利用多种可利用的资源

教师在班级管理工作中要做个有心人,学会运用自己的教育智慧,学会利用园内和班内的各种人力资源组织班级活动,实现班级管理的高效性。例如,利用幼儿园有教师怀孕的时机,教给孩子关于生命的知识;设计小、中、大班混龄教育活动,培养幼儿社会交往能力;通过本班幼儿之间的互动,培养幼儿学会遵守集体规则的习惯。

学会利用幼儿园空间和物品资源组织班级活动。例如,利用院子里的一棵树开展细致的观察活动;农村幼儿园可利用广阔的田野开展观察和采集活动;收集各种废旧的饮料瓶、糖纸、包装袋、包装盒等,让幼儿一块讨论,发明各种玩法。

学会利用各种突发的或意外事件组织班级活动。例如,把握外来者参观幼儿园的机会,让幼儿学会接待客人,学会与陌生人交流和交往。

二、幼儿园班级管理的方法

在幼儿园班级集体中,一般有二三十个幼儿一起生活、学习和娱乐,他们虽然具有相同的年龄特征,但是每个幼儿的个性、品质、生活经验和能力参差不齐。要保证集体中每个幼儿能自觉地接受生活、教育的管理,掌握一定的生活常规和知识技能,保教人员必须掌握一定的班级管理方法。主要有以下几个:

（一）规则引导法

规则引导法是指用规则引导幼儿行为，使其与集体活动的方向和要求保持一致或确保幼儿自身安全的一种管理方法。规则引导法是对班级幼儿最直接和最常用的管理方法。其中，规则是指幼儿与幼儿、幼儿与保教人员、幼儿与环境、幼儿与材料之间互动的关系准则，幼儿必须在这些规则下活动才能取得预期的效果。

使用规则引导法时要注意以下几个方面：

1. 规则的内容要明确且简单易行

规则是一种约束幼儿行为的准则，遵守规则的过程也就是幼儿行为规范化的过程。制订幼儿园规则的内容时应注意：

（1）规则适量。规则太少无法规范幼儿的行为，而规则过多则是对幼儿行为的不合理约束。因此，规则的制订要适量，不能多也不能少。

（2）量力而行。保教人员必须在充分考虑幼儿现有能力和水平的基础上确定规则，幼儿生活经验有限，行为约束力也不强，所制订的规则不应超过幼儿的现有水平。

（3）共同参与。规则的选择与指导应充分发动教职工、家长的参与，甚至可以让幼儿参与制订，以便使更多的人知道规则的意义和操作要领，从而更愿意接受并遵循规则。

2. 让幼儿在实践活动中掌握规则

要让幼儿掌握规则，必须结合实践活动在具体的活动情境中引出规则，使幼儿在活动中明白规则的具体要求并懂得执行规则的意义。有些规则要求教师在活动中进行示范和讲解。如果规则在执行的过程中出现问题，应在活动中与幼儿一起商讨、修正，使规则真正具有科学性，并成为幼儿行为的指南。

3. 教师要保持规则的一贯性

一方面，同一规则要保持前后的一贯性，如果在特定情况下必须做出某些变化，一定要向幼儿说明变化的原因。另一方面，在实施规则时对所有幼儿应一视同仁。只有做到规则的一贯性，才便于幼儿照章行事，规则也才能成为幼儿行为的准绳。

（二）情感沟通法

情感沟通法是指通过激发和利用教师和幼儿之间或者幼儿与幼儿之间以及幼儿与环境之间的情感，引发或者影响幼儿行为的方法。幼儿情感性较成人强，易受到暗示和感染。教师要把握幼儿的情感特点，从幼儿情感着手对幼儿行为加以影响和引导，以达到管理班级的目的。幼儿的情感贯穿于幼儿身心活动的全过程，情感沟通法可以辐射到幼儿所有的生活、教育、游戏活动中。它既能加强对幼儿的管理，又能促进幼儿情感的发展。运用情感沟通法时要注意以下几个内容：

1. 观察幼儿的情感表现

情感沟通法特别强调保教人员与幼儿情感方面的沟通，充分理解幼儿、掌握幼儿的心理发展规律是沟通的基础。所以，保教人员要通过观察，理解清楚每个幼儿积极向上的行为。

2. 对幼儿进行移情训练

教师要经常对幼儿进行移情训练，使幼儿从小就有站在他人的立场、角度理解他人情感的习惯和能力，并能从他人的困境、痛苦出发，产生助人为乐的行为，为幼儿亲社会行为的发展打下良好基础。

3. 保持和蔼可亲的教师形象

教师的言行举止要表现出积极而真切的情感，同时还要善于创设情境，使幼儿在积极愉快的情感氛围中活动和交往，以提高活动的质量。情感沟通法的基础是教师对幼儿的关爱，教师对幼儿要有爱心、有耐心。对教师而言，不要轻易批判幼儿的情感及相应的行为，而应在教师与幼儿之间的情感互动中对幼儿进行有针对性的引导，这样才能真正理解幼儿，也易被幼儿理解和接受。

（三）榜样激励法

榜样激励法是指通过树立榜样并引导幼儿学习榜样以规范幼儿行为，从而达到管理目的的方法。人们常说，榜样的力量是无穷的，对爱模仿、易受暗示的幼儿来说更是如此。教师在班级管理中，应善于利用具体的健康形象和成功的行为作为示范，引导和规范幼儿的行为。使用榜样激励法时要注意以下几点：

1. 健康的形象

榜样的选择是教师为班级幼儿选择学习对象的过程。榜样应具备健康、具体、典型的形象，幼儿能通过对现实的感知和教师的介绍理解榜样的真实性、可贵性。针对幼儿的活动要求，榜样的来源十分广泛，可以是幼儿身边的小伙伴，也可以是幼儿熟悉的故事主人公。榜样的行为必须是积极向上的，并且是幼儿经过努力可以达到的。

2. 模范的行为

树立的榜样行为应是教师和幼儿一致认可的模范行为。教师要引导幼儿感知和了解榜样行为，鼓励幼儿产生学习的愿望，并且提供充分的表现机会。同时，教师公平地对待每一位幼儿，给予表现好的幼儿以公平充当榜样的机会，激发全班幼儿形成良好的行为习惯。当然，榜样不一定是完美的，教师要注意鼓励和引导幼儿发现榜样行为并积极学习和表现榜样行为。

3. 强化榜样影响力

榜样的行为不仅要在幼儿心理上产生共鸣，最重要的是要反映到幼儿的行动中去。当幼儿自觉地以榜样的精神为动力,以榜样规范行为,做出良好的表现时,教师应给予充分的赞扬和认可,使幼儿感受到学习榜样的快乐,从而强化榜样的影响力。

（四）目标指引法

目标指引法是教师以行为结果作为目标,引导幼儿的行为方向,规范幼儿行为方式的一种管理方法。从行为的预期结果出发,引导幼儿自觉识别行为的对错是目标指引法的基本特点。使用目标指引法时要注意以下几点:

1. 目标要具体明确

只有具体明确的目标,才能为幼儿提供参照方向。由于幼儿理解力、记忆力的限制,在确定幼儿行为目标时,不要过于复杂,目标数量不宜过多,也不能过分抽象;行为目标最好由教师和幼儿共同参与讨论和制订,使目标在幼儿心中有具体的形象,并使幼儿了解实现行为目标的原因和意义。

2. 目标要切实可行,具有吸引力

目标的实现不能过于困难,要与幼儿的行为能力和心理接受能力相符合。因此,目标的制订要切实可行,具有吸引力。如果目标没有吸引力,幼儿就会失去朝目标努力的动力。

3. 目标与行为的联系要清晰可见

在幼儿的各种活动中,保教人员要引导幼儿通过注意、记忆、思维等心理活动,及时纠正自己的行为,实现行为目标。保教人员在给幼儿解释或引导幼儿讨论目标时,要让幼儿意识到与完成目标行为相关的行为,并努力追求这种行为。

三、影响幼儿园班级管理的因素

促进幼儿发展,必须提高一日活动质量,提高活动质量是幼儿园班级管理的目标和归宿。影响幼儿园班级管理的因素有很多,主要包括幼儿园班级的人员结构、幼儿园班级的组织结构、幼儿园的设施设备、幼儿园的文化、幼儿园班级的保教任务、家庭及社会的支持与配合等。

（一）幼儿园班级的人员结构

幼儿园班级的人员结构比较单纯,由保教人员与幼儿组成。

1. 保教人员

幼儿教师和保育员简称为保教人员。他们是幼儿园班级管理工作的主要承担者,肩负着对幼儿进行教育和保育的双重任务,对幼儿的健康发展起着核心作用。因此,保教人员的数量、素质等因素直接影响幼儿园保教目标的达成度。一般情况下,在正常的幼儿园班级中应该配有两名幼儿教师(其中一名是主班幼儿教师,另一名是

配班幼儿教师)和一名保育员。幼儿教师的合格学历为中专,保育员要持证上岗。

目前,幼儿园保教人员已呈现出年轻化、专业化的趋势。年轻的幼儿教师精力充沛、愿意学习、家庭负担小,活力四射的个性受幼儿喜爱,但也容易在班级管理中出现教育态度上的"孩子气"、教育方法简单粗暴、情绪不稳定、缺乏耐心等问题。一般来说,班级幼儿教师之间比较合理的搭配是有经验的幼儿教师(教龄5年以上)带一名新手幼儿教师(教龄3年以下),以保证在照顾幼儿时的能力互补。

事实表明,并非幼儿教师的学历越高,班级管理的水平就越高。幼儿园班级管理的质量是幼儿教师自身的师德修养、专业素养和专业能力,幼儿教师与幼儿教师之间的和谐关系,幼儿教师与幼儿家长之间的互动关系等综合作用的结果。在幼儿园班级中,主班幼儿教师在班级管理中起主导作用。班级工作是按部就班、有章有法,还是杂乱无章乃至"鸡飞狗跳",取决于幼儿教师班级管理的观念和管理技能水平的高低。有些幼儿教师为了在幼儿面前迅速形成个人权威,在管理班级时采取大声训斥、强制管理等方法,导致幼儿不仅不听话,还告诉家长说自己不喜欢,这使家长对幼儿教师产生不好的印象,并给以后家园配合埋下了消极的种子。

2. 幼儿

幼儿是幼儿园班级保育与教育的对象,是班级活动的主体。大多数幼儿园是按学前儿童的年龄分班的。班级人数一般是小班(3.5—4.5岁)25人,中班(4.5—5.5岁)30人,大班(5.5—6.5岁)35人,也有少量的混龄编班,一般为30人以下,少数地区还有学前班,一般要求不超过40人。

研究发现,班级人数、幼儿性别比例和幼儿家庭背景等是影响班级管理方法和质量的重要因素。人数过多(超过50人)的班级,幼儿的自由度必然受到限制,纪律问题成为幼儿园班级管理的重要内容。男孩过多(超过三分之二)、教室空间有限(人均不到 $2 m^2$)的班级,日常发生肢体冲突的概率也比较高。

幼儿生活自理能力的强弱是影响班级管理效率的重要因素。一般来说,上过托班的幼儿,自理能力比较强;从小班开始,注重培养幼儿自理能力和良好习惯的班级,到了小班下学期,幼儿教师在组织班级活动时就明显感觉"得心应手"。

(二)幼儿园班级的组织结构

幼儿园班级是一个正式组织。它通过幼儿教师组织一日活动对幼儿的整体发展产生影响。幼儿园班级以班集体、小组(包括固定小组和自选小组)和个体为基本活动形式。

1. 班集体

班集体是幼儿园班级最基本的组织形式。开展班级集体活动是幼儿园教育的主要方式之一。幼儿教师善用班集体的力量不仅可以集中、有效地达成保教目标,降低

幼儿教师的劳动强度,而且可以达成个别教育无法实现的教育目标。比如,今天老师在班级里表扬某某小朋友能帮老师做事,明天就会有更多小朋友愿意并抢着成为老师的小助手。

2. 小组

固定小组是幼儿在幼儿园班级主要的生活、学习和游戏单位。在国外,一般是一位教师和10个幼儿为一个小组。在我国,则是以幼儿的活动桌为固定小组(多为6—8人)。在小班,让幼儿尽早知道自己相对固定的位置(坐在哪个桌,和谁挨在一起,自己的床在哪里)是非常重要的,这不仅便于幼儿教师组织幼儿活动,也易于幼儿形成内在秩序感。到了中、大班,幼儿教师还可以根据活动目的、内容和情景的不同,临时指定小组或者让幼儿自由选择小组进行活动。在小组中,幼儿可以有较多的互动机会,更易于他们合作以及对活动方式达成共识。

3. 个体

幼儿园班级由保教人员和幼儿个体组成,个体对小组和班集体都具有重要的影响。幼儿个体的家庭生活背景、个体的差异性是影响幼儿园班级管理的重要因素。多数师范生在实习前,对幼儿个体之间巨大的差异性没有直接感知。如同样是4岁的孩子,苗苗是能说会道,自理能力很强的"小能人",美美则是"饭来张口,衣来伸手"的娇娇娃。对于有经验的老师,首先,会让苗苗做老师的小助手,在帮助照顾其他小朋友的过程中进一步发展能力,增强成就感;其次,借用家长和集体的力量帮助美美尽快摆脱对成人的依赖,获得自我服务的成功体验。

(三)幼儿园的设施设备

幼儿园的设施设备是幼儿园实施全面发展教育的重要物质前提和基础。

1. 设施

幼儿园的设施主要指房舍与场地等固定的硬件,可以从室内条件和室外条件两方面来进行说明。

(1)室内条件

室内条件主要是指班级活动室,是幼儿学习和活动的主要场所。它要求空气流通,光线充足,陈设整齐舒适,有足够的面积(人均不低于 $2\ m^2$,总面积不低于 $50\ m^2$)和卫生间。条件比较好的幼儿园每班还配有独立的儿童寝室、衣帽间及幼儿教师办公室等。

(2)室外条件

室外条件包括相对固定的室外活动空间和户外活动场地。室外环境绿化面积不低于15%,有条件的幼儿园的室外还会配有种植园地和动物角,园外有良好的社区环境等。

幼儿园的设施多为幼儿园集体使用，几个班级轮流使用或者共享。

2. 设备

幼儿园的设备主要指可以随时添置、更新的用于幼儿学习和生活的物质条件。幼儿园的设备包括桌椅、玩具架、盥洗卫生用品，以及必要的教具、玩具、图书和乐器等。其中，图书至少人均 2 本，有流动水盥洗，做到一人一巾一杯。

幼儿园的设施设备统称为硬件。硬件要能基本满足幼儿生活及活动的需要，因为它们直接影响幼儿生活和活动的程度及质量，是幼儿发展的基础保障。

目前，许多幼儿园都在积极升级硬件，这对幼儿发展来说是个好事。但并不是说，硬件越高级，教育质量就越高。有许多新建幼儿园，设施设备出现了"超豪华"的现象，既浪费资源，又未必能发挥应有的教育功能。

（四）幼儿园的文化

幼儿园的文化包括显性的园训、规章制度、课程以及隐性的园风、核心价值观、领导风格及园内干群关系等。文化中主流的价值观对幼儿教师从事班级管理工作具有重要的引领作用。好的文化会使人际关系和谐，同事之间相互学习、相互理解、尊重与包容，班级幼儿教师之间也能相互督促、相互帮助。情绪稳定、心平气和的工作状态是一种重要的"场"，对在班级中形成安全的心理环境影响极大。

在实践中发现，即便是 5—6 岁的儿童，也具有参与班级管理的能力。有的教师让幼儿给自己的班级起名字，有的叫"小花朵班"，有的叫"小蜜蜂班"，有的叫"樱桃小丸子班"，天真可爱，充满童趣；有的教师让幼儿给活动区制定规则，幼儿对自己定的规则不仅记得清楚，而且能够认真遵守。

幼儿园的园本课程对幼儿园班级管理也有直接的影响。幼儿教师有一定自主权的园本课程计划会让幼儿教师更加灵活地组织幼儿活动，努力做到"以幼儿发展为本"。一日生活若是活动时间固定僵化、活动任务一成不变，就会让师生缺乏自主感、愉悦感，不利于幼儿的身心发展。

幼儿园领导的课程领导能力和专业指导水平对幼儿教师从事班级管理工作也具有重要影响。

（五）幼儿园班级的保教任务

幼儿园班级的中心任务是实行保育和教育相结合的原则，对幼儿实施德、智、体、美全面发展的教育，促进幼儿身心和谐发展。

1. 保育

班级保育是指幼儿教师照顾幼儿的生活，使其身心健康成长。现代幼儿保育包括身体、心理和社会性三个维度。

（1）在身体保健上，幼儿教师要注重幼儿的疾病防治，加强幼儿营养和锻炼，做好安全教育，促进幼儿身体健康成长。

（2）在心理保健上，幼儿教师要给幼儿足够的安全感，使他们经常保持稳定的情绪，初步形成良好的个性，促进心理健康水平的提高。

（3）在社会性发展方面，幼儿教师要尽可能给幼儿提供宽松的人际环境，培养他们探索环境和适应社会的能力，增进友好的人际关系。

2. 教育

班级教育是指在一日生活中，幼儿教师依据幼儿的学习特点进行整合处理，使幼儿通过真实而有意义的活动，生动、活泼、主动地学习，获得完整的经验，促进身心全面和谐地发展。

幼儿教师对保教任务的理解是班级保教质量重要的思想基础。一些年轻的幼儿教师认为，自己的主要任务是为幼儿开展活动，而对一些给幼儿分饭、倒水、整理床铺等保育工作却"视而不见"；对幼儿如何有序地进行进餐活动、轻声上床等常规班级管理的价值缺乏认识，因此不予重视，也不会有意识地进行引导与指导。结果，那些平时缺乏秩序训练、不听从指令的幼儿在开展活动时也不会顺从幼儿教师的安排，以至于活动无法顺利地开展。

因此，在带班过程中，幼儿教师要先通过照顾幼儿的生活，让幼儿充分感受到教师的爱、包容与理解。在有了信任依赖的情感基础后，幼儿的行为表现就会逐渐接近幼儿教师的期望。

（六）家庭及社会的支持与配合

关于幼儿家庭背景的研究结果显示，在多子女的家庭中，父母对孩子的期望通常比较理性，而在独生子女家庭中，较多存在"望子成龙"的心切和以"溺爱加宠爱"为主的教养模式。一些家长用纵向的眼光看待孩子，觉得自己的孩子是最棒的，却看不到孩子在群体中的状况，很难接受自己的孩子难以管教这样的事实。个别家长甚至会将孩子在园正常活动中的"磕磕碰碰"视为安全事故而追究幼儿园的责任。有的幼儿园迫于家长压力或者社会舆论，也会要求幼儿教师将"安全第一"升格为"安全唯一"。在双重压力下，幼儿教师会增加一些以开发智力为主的活动，减少一些挑战性的户外活动。如果幼儿园班级管理以保护为主、避免磕碰的观念占主导，幼儿发展受限也是必然。

家长对幼儿园教育理念的认同、对幼儿园班级管理复杂性的理解是家园合作的思想基础，为班级提供幼儿活动的材料、积极出席幼儿园相关活动并提供人力支持等是家园合作的具体行动。合作关系不是天然形成的，而是靠真诚关心与理解体贴建立起来的。对幼儿教师而言，与家长建立合作关系不仅有利于幼儿发展，也会让自己的班级工作事半功倍。

思考与实践

思考练习

1. 幼儿园班级管理的概念及其主要内容是什么?
2. 幼儿园班级管理的特点有哪些?如何理解班级管理的重要性?
3. 幼儿园班级管理的基本原则及管理办法有哪些?
4. 影响幼儿园班级管理的因素有哪些?

实践应用

蓓蕾幼儿园建立分园,招聘了一批新教师。这批教师多为应届毕业生,缺乏班级管理经验。幼儿园要求分管教研的张园长对这批教师开展专题培训,帮助新教师掌握班级管理知识和技巧,适应岗位要求。如果你是这位园长,你会从哪些方面向新教师介绍如何进行班级管理?

第二章 幼儿园班级安全管理

1. 了解班级安全管理的主要内容;
2. 知道一日活动中的安全隐患;
3. 能够针对不同的活动,进行有效班级安全管理;
4. 结合不同事故类型,具备处理意外事故的基本能力。

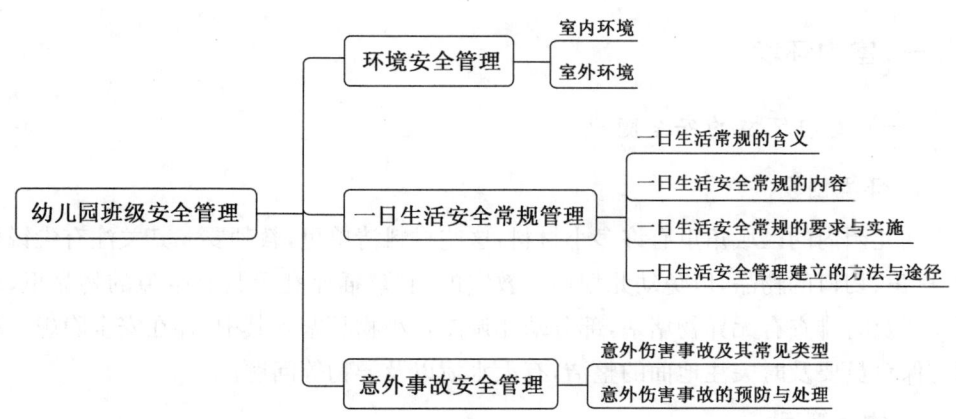

今天下午,中二班的主班老师去安排幼儿园六一汇报活动,副班老师下午轮休,所以教室里只剩下了实习老师毛毛。毛毛突然独自面对 30 多个孩子有点不知所措。

这会儿,孩子们午睡起来了,她和保育员阿姨开始分工,一人负责午点,一人负责起床。毛毛负责孩子们的穿衣,班里的力力和东东穿好衣服后,开始在班里自由活动了。

突然间,力力大声哭起来了,毛毛过去一看,顿时心里紧张发麻。力力的手指被刀片划了一个大口子,正哗哗地流血呢,东东也是吓得哇哇大哭。毛毛赶紧联系医务室,然后通知家长来幼儿园,安抚孩子的情绪。这时的班里简直乱成了一片,大哭声,吵闹声,毛毛心里百感交集。

原来昨天下午副班老师用刀片裁纸后,没有及时把刀片放置在高处,而今天的毛毛没有检查游戏材料就让孩子们自由活动了。这件事过后,两位老师都受到了不同程度的处罚。

第一节 环境安全管理

《幼儿园工作规程》指出:幼儿园的园舍应当符合国家和地方的建设标准,以及相关安全、卫生等方面的规范,定期检查维护,保障安全。幼儿园不得设置在污染区和危险区,不得使用危房。幼儿园的设备设施、装修装饰材料、用品用具和玩教具材料等,应当符合国家相关的安全质量标准和环保要求。

一、室内环境

(一)室内环境的安全隐患

1. 环境创设

幼儿园内的区域角里有许多小材料,这些材料清单里,教师要尤其关注有尖锐棱角、桌角、切口的物品,以免幼儿划伤。教室的门缝、插座孔等具有空隙的物品里,教师需要及时排查有无异物堵塞,部分幼儿调皮将小物品塞入其中,存在安全隐患。教师与保育员要及时关注地面的整洁,有无水渍以及异物等问题。

2. 物品管理

教师在日常的教学活动中,尤其要关注裁纸刀、剪刀等危险物品的存放,这些物品本身具有风险性,幼儿在无意间玩耍的过程中容易引发较大的安全事故。教师要注意药片、消毒液、洗洁精等化学物品的存放位置,以免幼儿误食产生不良影响。

（二）室内环境安全管理的操作要点

（1）保证门把手、插座等危险设施安置在安全距离。

（2）墙壁、门缝、桌角等最好用泡沫或软皮包裹起来。

（3）剪刀、美工刀等采用较安全的设计，用完后要及时收好。

（4）保育室和教师办公室应该及时上锁，防止幼儿随意入内。

（5）危险物品要放置在幼儿无法接触的地方，以防幼儿误拿或误食。

（6）随时保持地面干燥，尤其是在幼儿饮水和盥洗时，发现积水要及时拖干，防止幼儿滑倒。

（7）集体教学时，把幼儿的座位摆在光线充足的地方，经常交换幼儿座位以保护幼儿的视力。

（8）根据活动的内容来选择座位的排列形式。

（9）定期检查室内设施是否存在安全隐患。

二、室外环境

（一）室外环境的安全隐患

1. 活动场地

根据幼儿园活动的时间安排，幼儿一日生活中至少有1个小时的户外活动时间。在幼儿的户外活动中，教师首先要注意地面水渍、尘土、凹凸不平的排查，以免幼儿在快速奔跑中跌倒摔伤。同时教师要注意地面的安全性，如碎石子、玻璃碴、水井盖等物品，这些物品容易引发肌肤表层的损伤，教师应及时清扫处理。

2. 运动器械

幼儿户外活动时间里，幼儿的接触面较多，来回更换运动器械，如攀登架、滑梯、秋千、转车等材料，教师要提前排查，是否存在安全隐患，有无外在破损以及安全性能问题。教师更应关注幼儿不合理的使用方式，如在较高的地方下跳、在较软的器材上晃动等问题，发现后及时纠正，以免发生跌落或摔伤。

 案例研究

星期一的早上，爸爸带着明明来幼儿园，和李老师打招呼的时候，爸爸提到明明的脚腕有点受伤，希望老师多加照顾。

早上的户外活动时间到了，孩子们高兴地选择自己喜欢的游戏器材。李老师想到明明的脚伤，就和明明说道："你的脚受伤了，今天就不要乱跑了，你就在旁边看着他们玩吧。"

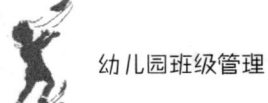

明明看了一会,觉得很无聊,看到自行车区域有一辆车没人玩,高兴地过去了。这辆自行车由于脚踏板坏了没有及时撤换,明明在快速用力蹬踏板的时候,一下子撞到了额头。顿时哇哇大哭。

请同学们思考:我们应如何看待明明的受伤,对我们的启示有哪些?

3. 特殊区域

对于幼儿园内的特殊区域,如楼梯口、拐角处等,教师应提前告知幼儿,禁止在楼梯间或拐角处快速奔跑或打闹,以免引发快速奔跑后的大面积连撞事故以及滑落伤害。此外,幼儿园内的停车场、戏水池、配电间、厨房等危险区域,禁止幼儿靠近,尤其是配电间、厨房等高危区域,以免引发电击事故。

(二)室外环境安全管理的操作要点

(1)根据人数和活动内容选择大小合适的场地。

(2)保证活动场地平整、无障碍物和积水,避免干燥起尘。

(3)远离停车场、戏水池等危险地带。

(4)活动前检查运动器械是否安全牢固,如发现问题应请专业人员进行维修,或选择其他较安全的活动方式。

(5)在大型器械周围要采取保护性措施。

(6)在容易发生安全事故的地方设置警示牌或小贴士。

(7)让幼儿自己动手制作安全标识,效果会更好。

 知识拓展

安全知识我知道

1. 在教室里不要跑,小心撞到桌角。
2. 不带小刀等危险物品上幼儿园。
3. 走楼梯时,要看好脚下,不能推别人。
4. 小玩具、小饰物等不要衔在嘴里玩,也不要放进自己或小朋友的鼻子和耳朵里。
5. 身体不适、跌倒、摔伤要及时告诉老师。
6. 不吃陌生人给的东西,不跟陌生人走,离开集体时要和老师打招呼。
7. 能说出自己的姓名,家长姓名和电话,住址。

第二节 一日生活安全常规管理

一日生活活动是幼儿园工作的重心,是促进幼儿身心全面和谐发展的基本途径。《幼儿园教育指导纲要(试行)》中指出:科学合理地安排幼儿一日活动,创设与教育相适应的良好环境,全面提高幼儿园一日活动质量,促使幼儿体、智、德、美和谐发展。

一、一日生活常规的含义

幼儿园一日生活常规就是指幼儿一日活动中的各个环节及一些每天都要进行的日常活动,应包含遵守各种活动和休息的时间及顺序的规定、遵守一日生活各环节具体制度的规定以及遵守幼儿的一般行为规范的规定。

一日生活常规具有重要的教育意义,一是可以使幼儿在潜移默化中掌握最基本的生活知识,促进幼儿社会化;二是可以使幼儿学会适应生活,并具备初步的独立生活能力;三是可以使幼儿形成良好的生活习惯和较好的组织纪律性。

二、一日生活安全常规的内容

1. 晨检

晨检活动可以有效防止孩子将传染病及危险物品带入幼儿园。晨检内容包括询问在家饮食、睡眠情况,有无不适;检查幼儿是否发烧、感冒;查看精神是否良好,五官、皮肤、眼结膜有无异常;检查孩子是否携带可能造成外伤及引发意外的物品、器械入园。

2. 严格的接送制度

在大多数幼儿园里,家长接孩子时必须持有接送卡,经门卫核实后方可出入幼儿园。委托他人接送时,需要事先通知园方以及带班教师。

3. 安全预案

针对火情、停电、设施设备损坏等情况设有完善的预案,幼儿园制定安全疏散演习计划,让孩子熟悉安全疏散线路。

4. 膳食安全

幼儿园食品采购部门到持有卫生许可证的经营单位采购食品。食品由专人分类、分架、隔墙、离地存放。生、熟板,洗涤池(盆)与洗菜池(盆)严格分开。

5. 设施安全

园舍建筑的边沿及拐角处处理成圆滑角,楼房加有防护网,电源插座与地面距离

不少于 1 米,有必要的消防器材。

6. 定期的安全检查

幼儿园定期开展安全检查,消除园舍、活动场地、活动器具、玩具、用具的安全隐患。

7. 定期体检

入园前必须进行全身体格检查,合格后方能入园。入园后,每年体检一次,离开园所 3 个月以上或有肝炎接触史的孩子经体检证实健康后方能回班。

8. 健康、专业的工作人员

幼儿园的工作人员每年必须进行一次健康检查,体检合格才能上岗。从事饮食工作的人员要接受有关儿童营养及食品卫生方面的专门培训。

9. 安全教育主题活动

幼儿园会设计一系列教学活动增加孩子的自护能力,比如,"开门、关门要小心""安安全全过马路""着火了怎么办"等。

三、一日生活安全常规的要求与实施

一日生活包括入园、晨检、进餐、早操、集体教育活动、游戏、喝水、盥洗、如厕、睡眠、散步、自由活动、离园等活动。科学、规范、合理的操作流程对于开展一日生活工作具有重要的意义。

(一)一日生活安全常规的要求

一日生活常规中,要求教师及保育员共同关注以下要求:

1. 来园、离园活动

(1)建立良好的师生、同伴关系,让幼儿感受到集体生活的愉快和温暖,形成安全感和信赖感。

(2)创设良好的入园环境,做好个别幼儿的教育指导。

(3)充分利用来园、离园时间主动与家长交流沟通,及时反馈幼儿情况,随机做好家访工作。

2. 户外活动

(1)根据本园的场地、器械等条件,充分利用日光、空气、水、地理环境等自然因素进行锻炼,保证自制足够的运动活动材料,开展丰富多样的体育活动。

(2)重视采取让幼儿自主探究、合作等学习方式练习、体验,发展运动能力;保证户外活动时间,让幼儿进行适当的锻炼,以增强幼儿体质,提高对环境的适应能力。

(3)以本班幼儿的运动兴趣、态度、动作能力、运动卫生常识、运动心理品质为目

标,设计和组织活动;合理安排早操和体育活动内容,培养幼儿勇敢坚强的意志品质和乐观合作的态度。

（4）注重户外活动安全防护,提高幼儿的自我保护意识。

3. 生活活动

（1）建立科学的生活常规,养成幼儿良好的饮食、盥洗、排泄等生活习惯。

（2）养成幼儿爱清洁、讲卫生的良好习惯,注意保持个人和生活场所的卫生和整洁。

（3）重视实际操作,密切结合幼儿的生活进行安全、营养和保健教育。

（二）一日生活安全管理的实施

1. 入园活动

（1）来园过程中的安全隐患

幼儿早上入园活动是一日生活的开始,也是幼儿及家长人群密集的时候,教师和保健医生必须做好第一关检查,尤其是在春、冬季呼吸道传染病高发季节,教师一定要重点关注幼儿的健康状况,如流感、水痘、麻疹、风疹等流行病、传染病的外在症状,一经发现,必须及时联系家长,紧急送往医院,以免造成大面积感染。教师要注意幼儿随身携带的物品中是否包含零食、小玩具、小物件等,首先检查是否存在安全隐患,其次幼儿午睡时不允许携带小物件入床,以免发生堵塞呼吸的事故。

（2）教师工作要求

• 营造温馨快乐的生活氛围,播放轻松的音乐,准备区角活动材料。做好交接班工作,向保育员简单介绍半日活动内容。

• 热情接待幼儿,面带微笑向幼儿家长问好,蹲下来和孩子亲密接触,稳定情绪。认真进行晨检工作,指导幼儿放置所带衣物。

• 主动询问家长,了解幼儿情况,引导幼儿与家长道别,愉快分离。

（3）保育员工作要求

• 做好室内外卫生整理工作。开窗通气,清扫地面,消毒桌面、杯具、毛巾等,保证生活环境的清洁整齐。了解教师半日活动的主要内容,掌握交接班情况,配合教师做好活动的物质准备。

• 协助教师进行晨检,主动问候幼儿及家长。帮助幼儿摆放好自带物品,做好个别幼儿的情绪安定工作。

• 接送乘车幼儿进班,及时清点人数,交接幼儿情况。包括:应到、实到人数,未到人数及原因,幼儿带药情况,需注意的问题等。

2. 晨检

晨检,即晨间检查,是托幼机构为加强幼儿身体防控工作而采取的一种措施,目的是为了保证幼儿的身体健康,及时防止疾病状况。对晨检老师的要求为穿工作服、戴手套、戴口罩。

(1) 教师工作要求

- 对幼儿的脸色、皮肤、眼神、咽喉、精神逐个观察,并询问家长。
- 认真做好以下工作:一摸:用手触摸儿童额头,是否发热;二看:察看儿童身体、手、足、口腔有无皮疹或疱疹,精神状况;三问:饮食、睡眠、大小便情况;四查:仔细观察幼儿有无携带不安全物品,对怀疑发热的幼儿进行体温测量。
- 对有发热、出疹、腹泻、黄疸、结膜充血、精神差的幼儿进行留验,安排在单独留检室,发现问题及时处理。

(2) 保育员工作要求

- 幼儿入园前做好活动室内外清洁工作及开窗通气。
- 以热情、亲切的态度接待幼儿,并向家长询问幼儿在家的情况,听取家长的意见和要求。
- 做好个别幼儿的衣物、药物的交接工作。

 **案例研究**

立冬之后,班级里每天来的小朋友越来越少,王老师通过家长联系得知主要是由于流行性感冒导致的身体不适。得知这个情况之后,王老师加强班级的卫生消毒工作,尤其是一些公共区域,如饮水机、盥洗室和睡房等区域。

今天是星期四,班级的孩子又有请假的,王老师在入园晨检的时候,主动和家长交流,了解孩子的身体情况,同时告知家长,如果幼儿有突发情况,建议居家诊治。

王老师的主动交流,得到家长的一致支持,并主动表示积极配合班级的卫生防护。

3. 升国旗、早操和晨间活动

幼儿的一日生活活动由多个环节组成,入园、晨检之后的活动主要由升国旗、早操和晨间活动来过渡。

(1) 升国旗、早操和晨间活动的安全隐患

每周一早上幼儿园定期开展升国旗活动,活动开始前,教师首先需要提前确认自身的着装是否得体,这里提醒的是女教师的鞋跟,尽量不穿带有尖锐鞋跟的皮鞋,以运动鞋为佳;其次教师提前确认幼儿的衣服、鞋带、腰带、帽绳等着装,以免室内外温差过大引发幼儿感冒等问题。

教师出门前需要注意幼儿的鞋带是否系好,以免在奔跑时发生摔倒。幼儿在户外晨间活动时,教师需要注意幼儿运动量问题,尽量避免运动时间过长、运动强度过

大。最后教师在幼儿活动中,需要做好防护工作。当幼儿处于空旷场地中,班内幼儿分散活动、调皮的孩子模仿危险动作时,教师一定要及时关注,并尝试阻止;也有部分幼儿为躲避教师视线,藏在犄角,教师一定要来回巡转,做好安全预防。

(2) 教师工作要求

- 做操前半小时准备好场地,以免干燥起尘,场地平整,无障碍物、无积水。
- 前一天认真检查器械所需数量,清洁、安全;所需磁带、收录机等做好充分准备。
- 保教人员要以身作则,与幼儿共同参加升国旗仪式。
- 教师精神饱满,口令、示范动作准确、熟练。注意幼儿基本动作的练习和操节变换,活动密度适中。
- 组织幼儿晨间活动或体格锻炼(有基本动作、器械操作和游戏),小班以模仿操为主,中大班以徒手操为主(大班要学会全国统一的"韵律操"),并选做两套轻器械操。徒手操和轻器械操相互轮换,时间持续一个月左右。每学期应更换一套新体操。
- 保证活动时间和运动量(托小班 5—10 分钟,中大班 10—15 分钟)。幼儿自愿选择运动器械自由活动的时间(10 分钟左右)。准备工作由值班人员事先做好。
- 有效组织幼儿回班。

(3) 保育员工作要求

- 早操前十分钟,让幼儿收拾整理玩具、材料,做好参加早操活动的准备。

① 如厕:照顾幼儿解便,一般情况下,要求幼儿大小便自理,当出现异常情况时及时报告老师,对个别自理有困难的,保教人员应加以协助。

② 幼儿便后用流水洗手,并教幼儿学会正确的洗手方法。

③ 整理服装:幼儿在早操前相互检查服装及鞋带,冬天脱去大衣,不戴围巾、手套。

- 组织晨间活动:准备好玩具、材料和体育活动器械,让幼儿参加自己喜欢的各种活动,带领幼儿观察,与幼儿交谈等。
- 根据气候及时为幼儿增减衣物,用干毛巾为幼儿擦汗,垫隔已湿衣服。注意保护幼儿的做操安全。
- 做好值日生工作的组织与指导(中大班设值日生),前一天做好值日生的交接工作(值日生要有标记),叮嘱其第二天提前到园。工作内容有:

① 收拾整理室内环境(中班老师要做指导),如擦桌椅、关灯等;整理图书(大班增加修补图书);整理玩具柜及活动角等。

② 报告本班缺席小朋友(中大班);记录气象志(中大班);更换日历牌(大班)。

③ 自然角工作:参与并做好自然角的植物浇水、动物喂食及清洁工作。大班增加观察日记。

4. 进餐活动

幼儿的一日生活都在幼儿园内进行,一般情况下,幼儿园供应早餐、中餐以及早点和午点等食物。

(1) 进餐过程中的安全隐患

幼儿入园前,已经在家中形成了一定的进餐习惯,可能存在部分幼儿的进餐习惯不符合科学的教养方式,如边吃边说、东张西望、坐姿不当、用手抓饭等不良习惯,教师一定要及时调整幼儿的进餐习惯,严禁在吃饭时打闹,以免发生咽喉、气管异物堵塞,避免引发生命危险。

幼儿进餐时还包括心理调整工作,尤其是面对幼儿的消极情绪,如迟迟不吃、挑食偏食以及自主进餐问题时,教师不可盲目催促或者一味批评威胁。教师的消极打压更容易引发幼儿的抵抗和不配合,甚至引发幼儿的恐惧。

 案例研究

小班的飞飞今天中午吃饭的时候又闹腾了,朱老师有点无奈。

飞飞吃饭的时候,特别喜欢和旁边的小朋友说话、打闹,朱老师已经说过好几次了,但是飞飞总是不听话。

飞飞今天的同桌是壮壮,两个孩子平时都比较活泼,两人拿到饭食时,看到朱老师在忙着分饭,飞飞就提议和壮壮两个人玩"打手背"的游戏,一边玩一边吃。飞飞在追着打壮壮手的时候,嘴里还有满满的食物,结果一着急,突然岔气了。飞飞不停地咳嗽,壮壮大声喊叫,引起了朱老师的注意。

朱老师赶紧把飞飞带到盥洗室,处理岔气的问题。幸亏嘴里的食物较少,没有什么大问题,但在班里也带来了较大的恐慌。

(2) 教师工作要求

• 组织好餐前活动,以讲故事、音乐欣赏及各类安静的桌面游戏为宜。向幼儿介绍每餐菜肴,激发食欲,使幼儿初步了解合理搭配、营养用餐的方法。

• 培养幼儿良好的饮食习惯,细嚼慢咽,不高声喧哗,不偏食,注意坐姿。满足幼儿进餐需要,注意照顾体弱、生病的幼儿,控制肥胖幼儿的食量,掌握进餐时间(约30分钟),不过分催促。

• 指导幼儿正确使用餐具:一手拿勺子(中大班使用筷子)一手扶住碗,喝汤时两手端着碗,养成良好的用餐习惯。

◎ 进餐时要细嚼慢咽,不慌不忙,不呲嘴。

◎ 不挑食,不用手抓食物,不剩饭菜,不弄脏桌面、地面和衣服,不东张西望。骨头、残渣放在指定的地方,不要将自己不吃的饭菜挑在别人碗里。

◎ 咽下最后一口饭再站起来，轻放椅子，离开饭桌，送回餐具。

◎ 饭后漱口、擦嘴、洗手。

• 指导幼儿做好餐后整理。如饭后漱口，擦嘴，及时收拾餐具，清洁桌面等。安排轻松安静的活动。

（3）保育员工作要求

• 做好餐前准备。用热水擦餐桌，指导值日生分发餐具等。

• 掌握幼儿进食量，随时添饭，不催食。适当给吃得慢、体弱的幼儿喂饭，鼓励幼儿快乐进餐，督促每个幼儿吃饱，吃好。

• 负责餐后卫生清洁工作。及时收拾餐具、餐桌，清理桌面、地面，做好卫生消毒工作等。

• 给个别幼儿饭后服药。注意查对幼儿姓名、药名、剂量等，保证安全无误。

 知识拓展

饮水时，我会注意的

1. 饮水过程中的安全隐患

（1）水温过高或者茶水桶缺少防护措施会增加幼儿烫伤的风险。

（2）水杯消毒不彻底且不加区分，易造成疾病传染。

（3）幼儿在喝水时和同伴聊天打闹，易被水呛到或滑倒。

2. 饮水过程中的安全操作要点

（1）指导幼儿安全有序地取水、饮水，不推不挤；喝水时不嬉笑打闹。

（2）提醒幼儿剧烈运动后不要马上喝水。

（3）饭前饭后半小时少饮水。

（4）水杯使用前消毒；茶水桶要及时上锁；地面随时保持干燥。

（5）水杯固定位置；记住自己水杯的标记；不与其他幼儿共用水杯。

5. 盥洗及如厕活动

由于幼儿身心发展的年龄特征，肾脏的储备能力差，调节机制不够成熟，膀胱容量较小，粘膜柔软，肌肉层及弹力纤维发育不良，贮尿功能差，教师要及时提醒幼儿进行如厕活动，保证幼儿正常活动的进行。

（1）教师需要注意的安全隐患

幼儿在盥洗及如厕时，容易引发混乱无序的现状，一方面由于幼儿年龄小，缺乏耐心，自身的管理和协调能力不足，以自我为中心，常常发生争抢等问题；另一方面也与幼儿园内的盥洗空间有限有关，幼儿在等待中逐渐失去耐心。教师要注意做好幼儿的分层，引导人员分流。

幼儿在盥洗时，喜欢玩水，常常出现边洗边玩的问题，容易引发洗手液入眼等安全问题。教师在日常教育活动中注意幼儿的洗手习惯教育。

（2）教师工作要求

- 组织并指导幼儿正确盥洗，提醒幼儿卷袖，肥皂搓手，用毛巾有顺序地洗脸洗脚。
- 检查幼儿盥洗效果，发现异常情况及时指导保育员处理。（冬季洗手、洗脸后要让幼儿擦面霜）
- 指导幼儿学会正确的盥洗方法，有顺序地打抹肥皂，搓洗手脚，洗干净各部位，不玩水、不打闹。帮助幼儿逐步养成饭前、便后和手脏时洗手的卫生习惯。
- 帮助幼儿学会正确的刷牙方法，将牙齿的正面、左右侧、上下牙面都刷洗干净，能坚持每天早晚刷牙，饭后漱口。
- 了解幼儿大、小便习惯，允许幼儿根据自己的需要如厕，及时检查大、小便后使用手纸情况，养成有规律定时大便的习惯。指导幼儿整理衣裤。
- 引导幼儿注意盥洗和入厕的安全，防止拥挤摔伤。
- 随机进行相关的生活常识、生存技能的教育。重视实际操作，个别指导，使幼儿在真实的情境中学会生活，提高自理能力。

案例研究

小班的美美今年3岁2个月，生活自理能力较差，这与她的家庭培养有关系。美美是一个独生子女，家里四个老人都围着这一个小孩，尤其宠爱美美。

美美的妈妈直到现在都还给美美穿纸尿裤，班里的黄老师和妈妈说过一次，但妈妈觉得无所谓，自己完全负担得起，也就不当回事。

今天的美美肚子不舒服，有点拉肚子。

如厕时间到了，老师引导孩子们轮流去盥洗室，但是美美还没有回来。

黄老师到了盥洗室发现，美美蹲在厕所一动不动，就是一直流眼泪。经过交流发现，美美因为不会擦屁股，一直不起来，嘴里还一直嘟囔着"妈妈，妈妈，你快来……"

思考一下：针对美美的情况，保育教师应该怎么做？

（3）保育员工作要求

- 为幼儿做好盥洗前的准备工作。如：毛巾、口杯、热水、牙膏等。
- 指导幼儿正确盥洗。及时提醒幼儿不打湿衣服，搓手时关小水龙头等。帮助个别幼儿，督促每个幼儿盥洗干净。
- 掌握幼儿大小便情况。照顾幼儿如厕，帮助幼儿使用手纸并擦干净。督促幼儿便后及时冲水，整理衣裤。认真处理幼儿大小便异常情况，积极查找原因，帮助幼儿克服障碍，学会大小便自理。

• 按要求做好毛巾、口杯、水龙头、门把手等卫生消毒工作和记录,及时做好厕所、盥洗室的清洁卫生,保持干净无味。

 **知识拓展**

正确的洗手方法

洗手(洗手前先擦干净鼻涕):

1. 卷好袖口:小班幼儿由老师帮助,中班幼儿互相帮助,大班幼儿会独立操作。
2. 先把手淋湿,搓上肥皂。
3. 按手背、手指、手腕顺序洗手,再冲洗肥皂沫,抖掉水珠,用自己的毛巾擦干手,挂好毛巾,放下衣袖。
4. 洗脸顺序:洗完手后,先洗眼睛、额头、整个脸庞、嘴、鼻,搓洗毛巾再洗耳朵和脖颈;搓洗毛巾再按顺序洗一次,把毛巾洗干净挂好。
5. 春、秋、冬季幼儿脸上可擦护肤霜。

6. 睡眠

幼儿一日活动中,基于不同的季节会安排不同时长的午睡时间,夏天 2.5 个小时,春、秋、冬 2 小时,整体上保持幼儿每日 2 小时左右的午睡时间。

(1) 午睡时的安全隐患

首先,幼儿在午睡过程中,教师需要关注幼儿的睡眠质量,尤其是不良睡姿等问题,如对于蹬被子、露胳膊、蒙头睡、趴着睡等习惯,一定要及时纠正和转变,以免发生呼吸不良导致的窒息问题。

其次,教师要做好幼儿入床前的检查,防止异物被带上小床,如小玩具、剪刀等物品,防止发生打闹时导致意外伤害,尤其防止吞咽导致的意外事故。

最后,教师要做好幼儿午睡时的巡护工作,谨防突发情况,如幼儿出现抽筋、呕吐、先天性疾病、感冒、哮喘等问题。

(2) 教师工作要求

• 午餐后组织散步、如厕,保持安静情绪,不高声讲话或嬉笑喧闹,脚步放轻,进入寝室。

• 洗漱干净,安静进入小床。

• 及时进行午检,注意幼儿身体、情绪状况,要求幼儿不带异物上床。

• 指导或帮助幼儿铺好床被,有顺序地穿脱衣服,摆放整齐。中大班幼儿自己摆好枕头,拉开被(毯),按顺序脱去外衣裤:先解开上衣扣子,再解开鞋带(小班幼儿由老师帮助),脱鞋、袜子、裤子,最后脱上衣,并折叠整齐放固定地方,鞋放在床下。

• 巡回检查幼儿睡眠情况,纠正不良睡姿,安慰入睡困难、情绪不稳定的幼儿。

- 做好交接班工作，确定幼儿人数、身体状况、活动表现等，整理好用具。
- 早醒幼儿可进行安静活动，不出声响，不影响别人。

（3）保育员工作要求

- 午饭后组织幼儿进行安静散步及如厕，努力避免新异刺激导致幼儿兴奋影响入睡。禁止高声谈笑、喧闹现象，创造安静气氛。
- 做好睡前准备工作，入睡前半小时调节好室内温度，放下窗帘，为托小班幼儿铺好被子。
- 夏季上床前为幼儿冲脚。冬季幼儿入室就寝时应关闭窗户。春秋注意保持室内空气新鲜，天暖无风时可打开窗户，拉上窗帘，避免对流风吹在幼儿身上。
- 帮助幼儿穿脱衣服，整理床铺。小班幼儿由老师帮助放好枕头，拉开被（毯），脱叠衣物。
- 协助午检，发现幼儿异常情况及时处理。
- 检查巡视幼儿睡眠情况。允许幼儿按需如厕，及时、细致地为每一位幼儿盖好被（毯），纠正不良睡姿，培养幼儿右侧卧或仰卧、不蒙头睡觉的好习惯。夏天酷热时，用柔软毛巾为幼儿轻轻擦去汗水。
- 不能以任何借口离开寝室看书、睡觉等。

知识拓展

午睡起床后，我要怎么做？

（一）按时起床，掀开被子，按顺序穿衣服。

1. 穿衣顺序：上衣—袜子—裤子—鞋。

2. 穿衣方法：先将上衣披肩上，捏好衬衣袖口，再伸进衣袖翻好衣领，拉衣襟，再扣衣扣（从小班起就开始学习先从最上一颗纽扣扣起）。

3. 穿裤子：先将裤子前片朝上放好后，两脚同时伸进裤筒，裤腰往上提，把衬衣放入裤腰内，拉展弄平整，系好裤带。

4. 穿袜子：袜底放平，袜尖向前，两手将袜筒捏到袜后跟，再往脚上穿。先穿脚尖，蹬上脚跟，拉上袜筒。（小班在老师帮助下，逐步学习）

5. 穿鞋：先分清左右鞋，系好活扣鞋带。（小班由老师帮助系好）

（二）学习整理床铺

叠被时先将两边往中间折，再从两头折起来，放置床的固定一头，枕头放在被子上面，铺好，把床单拉平整（小中班由老师帮助，先做些辅助工作，大班要求独立做好）。

7. 离园活动

离园活动是幼儿一日活动的结束部分，教师应提前安排离园活动，有序开展幼

离园工作。

（1）离园活动中的注意事项

首先，教师要控制好接孩子的时间，有足够的时间精力去接待家长，尽量不要在离园的过程中和某一位家长交流过久，耽误其余幼儿的正常交接。

其次，教师要严格确认接孩子的家长，如果临时有陌生人来接，必须进行电话或其他电子通信方式的相关确认。

最后，针对特殊孩子的交接，如生病的孩子、当天表现异样的孩子，教师需单独向家长详述孩子的情况，并提出希望配合的要求和具体方法。

（2）教师工作要求

• 督促幼儿检查自带物品，帮助整理幼儿仪表仪容，让幼儿干净、整洁、情绪愉快地安全离园。

• 热情接待家长，及时回复家长嘱咐事宜，随机和家长交流幼儿活动情况。

• 认真填写交接班本，收拾整理教室，对缺勤幼儿进行电话回访，及时了解情况，处理到位。

（3）保育员工作要求

• 帮助幼儿整理自带物品，查核有无遗漏。做好幼儿离园护理，保证幼儿仪容仪表干净整洁。

• 协助接待家长，照顾安抚留园幼儿。

• 做好室内外环境的清洁整理工作。检查水、电、门、窗的安全，做好第二天上班准备。

 知识拓展

幼儿园里的我们要知道……

在幼儿园里，老师让我们记住好多事情，所以，我们总是知道该怎样做。

我们知道，不能随地吐痰和扔垃圾；

我们知道，洗手时要有序，洗完以后要及时关闭水龙头；

我们知道，谁要是违反了要求，就得到"静思角"去反思；

我们知道，玩完了玩具要收拾好，东西要放回原来的地方，然后才能去做别的事情；

我们知道，在楼道和教室里都不能跑，要走路，如果跑了，老师就会让我们重新走一次；

我们知道，得到别人的帮助要说"谢谢"，妨碍了别人要说"对不起"，找别人帮忙要说"请……"；

我们知道,到外面玩的时候不能互相追着跑,在大型玩具上玩的时候不能互相推挤,也不能扔石头;

我们知道……

四、一日生活安全管理建立的方法与途径

(一)对教师和保育员的要求

1. 教师之间相互合作

教师之间相互合作是做好安全管理常规工作的基础。主班教师要善于对班级的其余教师有全面的了解,要知人善用,善于协调,充分调动班级教师工作的积极性、主动性、创造性,严格按照主配班工作分配细则,使班级各项工作有条不紊地开展。

2. 要求明确、持之以恒

对幼儿提出的要求,点要小,一次不要太多,同时要把这些要求讲得明白、透彻,让孩子们能够理解。搭伴老师多沟通,提出的要求明确、一致。不能在同一个事情上你提你的要求,我提我的要求,这样孩子会很茫然,不知听谁的好,同时注意提出的要求是孩子们能够达到的。在日常教育中要经常、反复地提醒幼儿,持之以恒。

3. 教师要以身作则,做好榜样

幼儿以具体形象思维为主,他们喜欢模仿成人做自己能做的事情,自我意识逐渐加强。因此,在培养幼儿养成良好的生活卫生习惯、行为习惯等常规教育中,教师首先以身作则、严以律己,言行举止应成为幼儿学习的良好榜样。在日常生活中,我们必须时时、事事、处处规范自己的言行,注意自己的举止,要求孩子做到的,自己首先必须做到,努力做孩子的表率。

4. 把握角色、收放自如

在幼儿当中要把握好自己的角色,既是他们的朋友,又是他们的师长。在孩子们游戏、自由活动时要以朋友的身份参与他们的活动。但是一旦你提出要求,要孩子们达到这些要求的时候,就要以师长的身份去严格要求他们,要做到放得开、收得拢。

5. 建立民主、尊重、信任的良好师幼关系

教师应建立平等的师幼关系,创设宽松的环境氛围。为幼儿创设宽松、民主、自由的精神环境,是促进幼儿主动遵守各种规则的一种有效手段。教师应提出合理的规则要求,符合孩子的年龄特点;创造充分的锻炼机会,让幼儿多次进行实践训练。

(二)对家长的要求:做好家长的思想工作,形成教育合力

《幼儿园教育指导纲要(试行)》指出家长是幼儿园教师的重要合作伙伴。幼儿园教师应本着尊重、平等、合作的原则,吸引家长主动参与幼儿园的教育工作。教师应

向家长介绍幼儿园的保育教育工作，争取家长的理解、支持和参与。

家庭是幼儿园重要的合作伙伴。应本着尊重、平等、合作的原则，争取家长的理解、支持和主动参与，并积极支持、帮助家长提高教育能力。

第三节 意外事故安全管理

一、意外伤害事故及其常见类型

意外伤害指突然发生的各种事件对人体所造成的损伤。幼儿园意外伤害事故，主要是指幼儿在幼儿园期间以及在幼儿离园组织的集体活动（如春游、秋游、节假日的庆祝活动等）中突然发生的人身伤害事故。

（一）意外简单伤害

1. 意外擦伤

冬季儿童穿上厚重的棉衣，但在奔跑、跳跃时也极易引发意外擦伤，尤其是手部或头部。若伤口较浅，仅蹭破了毛皮，只需将伤口处的泥沙等杂物清洗干净即可；若伤口较深或出血，应先用流水或生理盐水清洁伤口，再用酒精消毒，处理后无须包扎。

2. 意外扎伤

铁、塑料材质的玩具易变形或缺损，锋利的边缘会造成扎伤、戳伤。木质材料的床、玩具等用具的竹刺、木刺有时也会扎到孩子的身上。

处理这种意外事故的方法：用消毒后的针或镊子将刺全部取出并挤出淤血，随后用酒精消毒伤口，若扎入的刺难以拔出时，应及时送往医院处理。

3. 意外划伤与切伤

幼儿使用剪刀、小刀或触摸破碎的玻璃器具时，常可能发生划伤或切割伤。

处理方法：用干净的纱布按压伤口止血，止血后在伤口周围用酒精由里向外消毒，敷上消毒纱布并包扎。

4. 意外夹伤

儿童的手指常被门、抽屉夹伤，严重时可出现淤血甚至指甲脱落的现象。对此，应及时发现并处理。

处理方法：若无破损，迅速用水冲洗、冷敷，防止局部淤血，并可减轻痛苦；若有出血，应消毒、包扎、冷敷；若出现指甲脱落，应及时就医。

5. 意外鼻出血

鼻出血也就是我们常说的流鼻血，引发流鼻血的原因有很多，如鼻外伤（鼻挫伤、

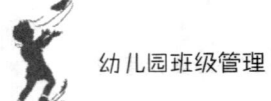

挖鼻孔、用力抠鼻），另外鼻内异物以及感冒发烧均可以引发流鼻血。鼻出血的部位大多位于接近鼻孔的鼻中隔上，因该处鼻粘膜较薄，血管集中成网，通常把该部位称为"易出血区"。

发现幼儿鼻出血时，应采取以下处理方法：

（1）安慰孩子不要紧张，安静地等待大人来处理，因为多数孩子见血会产生恐惧感。

（2）头略低，张口呼吸，捏住鼻翼，一般压迫10分钟即可止血，前额、鼻部用湿冷毛巾冷敷。

（3）出血较多时，可用脱脂棉卷、纱布卷塞鼻，填紧些才能止血，若经以上处理仍血流不止，应立即去医院处理。

（4）止血后短时间内不可用力揉鼻，也不可剧烈运动，避免再次出血。

 案例研究

中二班新添了很多自行车、汽车、飞机和轮船模型，下午的自由活动时间里，男孩子们玩得很开心。

竹竹平时最喜欢用桌面的小材料来拼接小汽车，看到这么多新的交通工具模型，高兴地开始驾驶"小汽车"。龙龙是班级里最大的孩子，平时也喜欢小汽车，看到这么多玩具，一股脑地往自己怀里抱。

这时，竹竹玩着的小汽车，成了两人争抢的材料。

龙龙看到竹竹不放手，"啪"的一声，打到了竹竹的手背上，嘴里还大声说着"小汽车是我的，你赶紧给我。"竹竹觉得是自己先拿的，紧紧地抱着不放。

龙龙和竹竹在争抢的过程中，一不小心，竹竹的鼻子出血了……

思考一下，竹竹鼻子出血后，保育员老师应该怎么做？

（二）意外异物伤害

1. 眼内异物

冬季，儿童最常见的眼内异物当属风沙中的小沙粒了。由于沙粒较为坚硬和尖锐，若贸然用力挤压或揉眼睛，可能会引发角膜受损。

正确的处理方法：当风沙入眼，老师要用干净的手帕或纸巾为孩子轻轻擦拭，如未能取出异物，应及时去医务室或就近医院诊疗。

2. 鼻腔异物

孩子玩耍时，处于强烈的好奇心，会不慎将纽扣、黄豆、果壳等异物塞入鼻子中，这不仅影响呼吸，还会引起鼻腔异物，甚至异物继续下行导致气管异物。有时幼儿自行掏挖可致鼻出血，引起惊恐不安，啼哭不止。

发现幼儿鼻腔异物时,应采取以下处理方法:

(1) 轻声安慰幼儿,使其安静下来,配合操作。不要恐吓、训斥幼儿,以免引起大哭,使异物有可能继续下行,增加取出的难度。

(2) 对置入较浅的异物,可争取幼儿的合作,让其深吸一口气,教师紧按无异物一侧的鼻孔,幼儿用力擤鼻,有时异物可自然排出。如此法无效,切不可用镊子等器具来夹取圆形异物。因为这样稍有不慎,不仅不能取出异物,反将其推向鼻腔深处,甚至落入气管,危及生命。

(3) 异物取出后,如有鼻粘膜损伤,可根据具体情况涂点消炎药膏或口服消炎药。

(4) 凡是经简单处理异物不能排出的,均应立即到医院,请医生用专用的器械取出。

3. 咽喉异物

咽喉异物多因饮食不慎,将鱼刺、骨头等异物卡在咽部所造成的疼痛。若发现孩子被卡时不要采用吞咽饭团、菜团、喝醋等方法,这样做有时会引起咽部出血。最好去医院,由医生在光线充足的诊室里或利用喉镜的辅助来取出异物。

4. 外耳道异物

儿童玩耍时常出于好奇心,将异物塞入耳朵里,当时间一长取不出来时,儿童将变得异常恐慌,有的孩子会有自行掏挖等现象,引起耳鸣、耳痛、外耳道炎症及听力障碍等。

遇到此类情况,可采取歪头单脚跳将物品跳出,不可自作主张用镊子夹取,否则易损伤外耳道及鼓膜,应迅速去医院处理。

(三) 意外烧(烫)伤

在儿童烧(烫)伤事故中,最常见的是开水、热汤、热粥引起的烫伤,火烧伤次之,偶有化学烧伤及电击伤。学前儿童的皮肤娇嫩,同样的刺激对学前儿童的伤害比成人更严重。对烧伤烫伤的急救处理应做到以下几点:

(1) 如遇火焰灼伤,应迅速使幼儿脱离火源,扑灭伤者身上的余火。

(2) 对热汤、热粥烫伤,应立即脱去浸湿的衣服,不易脱去时,切忌强行撕拉,可用剪刀剪破撕开,充分暴露创面。

(3) 若不慎沾有化学药品时,要用大量净水冲洗。

(4) 若烧(烫)伤只损伤皮肤表层,局部皮肤红肿、疼痛、无水泡,可将损伤部位用凉水反复冲洗,并在伤面涂紫药水、清凉油或烫伤膏,千万不可随意乱抹肥皂水、牙膏、酱油等。

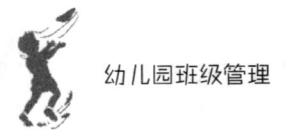

（四）意外惊厥

惊厥常见于 5—6 岁以下儿童。引发惊厥的原因有很多，如呼吸道感染、流脑、中毒性痢疾等均会使儿童高烧，引起惊厥。幼儿缺钙、癫痫、低血糖、中毒等也可能引起惊厥。

儿童惊厥常突然发作，意识短暂丧失，头向后仰，眼神凝视，呼吸细弱而不规则，口唇青紫，四肢和单侧或双侧面部抽动，持续的时间为一两分钟到十几分钟不等。

当惊厥发生时，一般采取以下处理方法：

（1）应该尽快控制惊厥，同时寻找病因，并防止抽搐再次发生。

（2）将患儿移至安静环境中，让其侧卧，松开衣领，便于及时排除分泌物。将毛巾或手绢、纱布等拧成麻花状置于上下牙之间，防止舌咬伤。如果患儿牙关紧闭，不能硬撬。

（3）患儿惊厥后，成人不要大声呼叫或用力摇晃、拍打幼儿，可轻按幼儿抽动的上下肢。要有专人守护，防止坠床的发生。

（4）积极降温。若幼儿因高烧抽风，应采用冷敷、温水擦浴、酒精擦浴等方法降温，或口服退烧药以降温。

（5）可重压人中穴，以减轻抽搐程度和缩短抽搐时间。经过以上初步处理，控制住惊厥时，要迅速将患儿送至医院治疗。

二、意外伤害事故的预防与处理

（一）意外伤害事故的预防

1. 安全演练的实施

在幼儿园的教育活动计划中，定期开展以安全教育为主题的教育活动，以增强幼儿的自我保护能力。此外，幼儿园应增设相对应的安全演练，以增强幼儿面对突发事故的应急能力。幼儿园应定期开展安全演练，尽可能使其常态化，减少幼儿面对突发问题的恐惧和不安。

教师也可以利用幼儿园的家长资源，以从事安全、消防、警卫等特定职业的父母为基础，以家园合作的形式开展特定主题的安全演练，提高幼儿的积极性和参与性，带给幼儿专业的安全知识。教师也可以组织幼儿观看相关视频，尤其是针对恶性伤害的事件，在班内举办小型模拟演练等活动。

2. 安全教育的目标设定

（1）3—4 岁的小班幼儿

- 不吃陌生人给的东西，不跟陌生人走。
- 在成人提醒下能注意安全，不做危险的事。

- 在公共场所走失时,能向警察说出自己和家长的名字、电话号码等简单信息。
- 当身体出现不适时,能够主动告诉成人。
- 不乱吃东西,不将异物放入口、耳、鼻中。

(2) 4—5 岁的中班幼儿
- 知道在公共场合不远离成人的视线单独活动。
- 认识常见的安全标志,能遵守安全规则。
- 运动时能主动躲避危险。
- 知道简单的求助方式,遇到紧急情况时,知道拨打求救电话。

(3) 5—6 岁的大班幼儿
- 未经大人允许不给陌生人开门。
- 能自觉遵守基本的安全规则和交通规则。
- 运动时能注意安全,不给他人造成危险。
- 知道一些基本的防灾知识,能够顺利完成火灾、地震等自然灾害的逃生演习。
- 了解简单的疾病预防知识,能够自觉讲卫生、积极运动来增强体质。

(二) 危机处理制度

1. 建立紧急事故联系表

(1) 幼儿的姓名、性别、出生日期和血型。
(2) 两个幼儿合法监护人的姓名、单位和电话;两名紧急联系人的联系方式。
(3) 幼儿医疗保险的相关信息。
(4) 特殊要求,如有无药物过敏。
(5) 紧急情况出现时的运送情况,如送至哪家医院,运送时的交通费等。

2. 安全管理的实施要求

(1) 坚持教育和信任并重、身体与心理并重的原则,处理好"管"与"放"的关系。
(2) 时时处处都想着、看着孩子,做到"放手不放眼,放眼不放心"。
(3) 调整自己的焦虑心态,不过分限制幼儿的自由。
(4) 从消极防范转变为积极促进,逐步使幼儿树立安全意识,养成安全的行为习惯,提升自我保护的能力。

思考与实践

思考练习

1. 如何保证幼儿在园一日生活中的安全？
2. 幼儿园常见的意外伤害事故有哪些？如何处理？

实践应用

开展一次以"安全"为主题的活动，结合周围可能存在的安全隐患，联系身边发生的真实案例，完成一次主题教育模拟活动，帮助幼儿了解生活中的安全常识，提高幼儿的安全防范意识。

第三章 幼儿园班级一日生活常规管理

1. 了解幼儿园一日生活活动的组织原则;
2. 掌握幼儿园一日生活活动各环节中保教人员的工作要求;
3. 了解幼儿园一日生活活动各环节中的常见问题及解决对策;
4. 掌握幼儿园一日生活活动各环节安全管理要求;
5. 了解幼儿园一日生活中意外伤害事故的处理原则;
6. 能形成班级良好的一日常规并形成教师间团结协作的工作氛围;
7. 能在班级管理中,遵守一日生活各环节的安全管理要求。

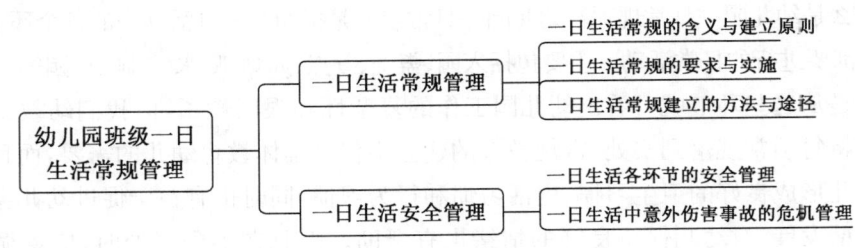

新入职的幼儿园教师阳阳在开学的一段时间里,仔细观察了同园教师组织的带班活动,她发现每位教师都有自己的带班风格,所带班级一日常规也不尽相同。但成熟教师组织生活活动总是那么游刃有余,井然有序。可轮到新教师,为什么总是混乱

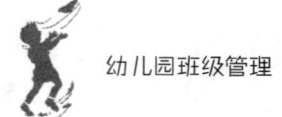

不堪、无从下手呢？

幼儿园一日活动的各个环节，都蕴含着丰富的教育内容。《幼儿园工作规程》和《幼儿园教育指导纲要（试行）》都强调幼儿园一日生活管理的重要性。这就要求保教人员认真对待一日活动的每一个环节，最大限度地发挥每一项活动的保教作用。那到底什么是"一日常规"，怎样才是好的"一日常规"呢？本章我们将从一日生活常规管理、一日生活安全管理两方面展开，揭开幼儿园班级一日常规的面纱。

第一节　一日生活常规管理

一、一日生活常规的含义与建立原则

一个班级的常规好不好，直接关系到幼儿的学习与发展和教师组织一日活动的质量。如果常规没有建立好，幼儿就无法形成良好的卫生习惯、生活习惯、行为习惯，而这些是幼儿身心健康的重要标志，是其他领域学习与发展的基础。教师也因在组织各环节活动中要分散精力去维持秩序而影响活动的质量。所以，常规培养是教育过程中不可忽视的一部分，是幼儿教育的主要内容之一。

那什么是常规？什么又是一日生活常规呢？

常规就是需要经常遵守的规则和规定。一些学者对常规的理解各有不同。有的认为常规是幼儿在幼儿园一日生活的各种活动中应该遵守的基本行为规范。而有的则将"常规"视为规定。

什么是幼儿园一日常规呢？幼儿园一日常规就是指幼儿一日活动中的各个环节和一些每天都要进行的日常活动。主要包括入园、盥洗、餐点、如厕、喝水、午睡、离园等。

单是从这些环节就可看出幼儿园工作的复杂性和艰巨性了，但我们幼教工作者都努力将每项常规落到实处，常规教育的建立不仅是集体教育幼儿的需要，而且还能促进幼儿形成良好的卫生习惯、生活习惯和行为习惯，同时也有益于促进幼儿身心健康的和谐发展，对幼儿保持良好的情绪也有帮助。因此在落到实处时，应遵循以下原则：

（一）建立平等的师生关系，创立宽松的环境氛围

一日常规与自由是幼儿园班级管理中不可分割的两个方面。一日常规中隐含着自由，自由里渗透着常规。一日常规不是用来管教、限制幼儿活动的，而是用来帮助幼儿更好地在集体中生活。为幼儿创设宽松、民主、自由的精神环境，让幼儿在轻松

自由的氛围中生活,感受教师的爱。

(二)提出合理的规则要求,符合孩子的年龄特点

各班的常规要求应从孩子的年龄特点出发,分阶段提出,循序渐进。因为年龄大小的不同,小、中、大班的常规具有螺旋式上升的特点:一方面,各年龄阶段的常规具有一致性,体现内容的重复;另一方面,幼儿的发展具有年龄阶段性,其常规对不同年龄的幼儿应体现规则与要求上的层次性。

(三)创造充分的锻炼机会,让幼儿多次实践训练

充分的、多次的实践是建立良好班级常规的关键。教师应尽最大的努力创造条件,为幼儿提供练习的机会。在态度、方式方法上,都要有足够的耐心,不能抱有"教你做,等你做太烦、太慢,不如自己做来得快、省事"的想法,这样会不自觉地剥夺了幼儿学习生活的机会。

(四)提供模仿的榜样示范,努力做幼儿的表率

幼儿期是具体形象思维时期,幼儿感受着周围所发生的一切,他们不仅看在眼里记在心里,还会像镜子一样在行动上一板一眼地表现出来。因此,在日常生活中,我们必须时时、事事、处处规范自己的言行,注意自己的举止,要求幼儿做到的,教师自己首先必须做到,努力做幼儿的表率。幼儿同伴间的影响力同样对幼儿的发展有不可估量的作用。利用日常生活中的点滴小事,把握好教育的时机,让幼儿向幼儿学习,幼儿教幼儿学习,也是常规培养中的有效方法。

(五)保教人员密切配合,常规培养持之以恒

教师之间密切配合,要求一致、持之以恒是做好常规工作的基础。对幼儿提出的要求不能时有时无,使幼儿的常规不稳定,时好时坏。一日常规的培养,教师要时刻做到心中有数,常抓不懈。

(六)做好家长的思想工作,形成良好的教育合力

家庭是幼儿园重要的合作伙伴。应本着尊重、平等、合作的原则,争取家长的理解、支持和主动参与。家庭和幼儿园形成教育合力是培养幼儿一日常规的关键,有了家长的支持和配合,常规培养才能收到良好的效果。

二、一日生活常规的要求与实施

幼儿园的一日活动通常可划分为:入园、盥洗、进餐、如厕、喝水、午睡、离园等环节。一日生活皆教育,保教人员需要把握各个环节的工作要点。

（一）入园

入园是美好一天的开始，幼儿如果能高兴地开始新的一天，便会影响着一天的心情，同时入园这一环节也是促进幼儿社会性发展的重要环节，与成人沟通、与父母分离、与小朋友沟通等均是幼儿处理社会问题的开始，因此教师应该有计划、有目的地组织、引导幼儿愉快入园，开始新的一天。

1. 常规要点

表 3-1 入园的常规要点

小班	中班	大班
（1）高高兴兴来幼儿园，会向老师和小朋友问好，与家长再见。 （2）愉快接受晨检。 （3）在成人帮助下，将衣物放到指定位置。 （4）在成人指导下，愉快地参与到各种游戏及活动中去。	（1）衣着整洁，愉快来园，能主动向老师和小朋友问好。 （2）愉快接受晨检。 （3）学会将脱下的衣物叠放到指定位置。 （4）主动参加到各种游戏或活动中去，活动结束时整理好玩具。 （5）学会做值日生工作。	（1）衣着整洁，愉快来园，热情地向老师及小朋友问好，有礼貌地与家长再见。 （2）主动而愉快地接受晨检。 （3）独立地脱下外衣等衣物，叠放在指定位置。 （4）自由、安静、友好地参与到各种游戏和活动中去，活动结束时迅速整理好玩具。

2. 保教工作要点

表 3-2 入园的保教工作要点

年龄班	教师	保育员
小班	（1）教师提前进入活动室，开窗通风换气。根据气温做好防寒保暖、防暑降温工作。 （2）在幼儿来园之前，要熟悉一下一日安排，做到心中有数。 （3）热情接待幼儿及家长，与家长就幼儿教育和生活问题进行简短交谈，向家长了解生病或体弱幼儿在家的饮食、睡眠、大小便等情况，对家长的嘱托和合理要求进行及时记录，并随时关注幼儿的身体状况。 （4）协助保健医生做好幼儿的晨检工作，观察幼儿的精神状态和身体状况，如发现异常，应及时了解原因并妥善处理。 （5）查看幼儿有无携带危险物品。如有，教师代为保管，并在离园时与家长做好沟通。 （6）安抚及疏导个别幼儿的不良情绪。 （7）帮助、指导幼儿正确脱放衣物。 （8）引导幼儿自由选择活动。	（1）做好室内外卫生清理工作，为幼儿营造舒适、洁净的生活环境。 （2）将已消毒的口杯、毛巾、口巾等摆放在固定位置，供幼儿入园后使用。 （3）配合教师热情接待幼儿及家长，将幼儿的衣柜整理好。

(续表)

年龄班	教师	保育员
中大班	(1) 提前做好活动室开窗通风工作。 (2) 热情接待幼儿，鼓励幼儿愉快来园、主动与教师和同伴打招呼、与家人道别。 (3) 鼓励幼儿积极配合晨检，让他们懂得有不舒服的感觉或者发现同伴有异常时要及时告诉老师或保健医生。对于幼儿的异常表现要敏感，要及时关注和处理。 (4) 引导幼儿自我检查，将不安全的物品放在指定位置，并妥善保管。 (5) 指导幼儿独立、正确脱放衣物，并摆放整齐。 (6) 观察并适时指导幼儿的自由活动。 (7) 指导幼儿做好值日生工作，如：气象记录、区域材料整理、环境清理及照顾动植物等工作。	(1) 做好卫生清理、消毒等工作。 (2) 指导值日生将已消毒的口杯、毛巾摆放在固定位置，供幼儿入园后使用。 (3) 协助教师接待家长，组织好幼儿活动，清点幼儿人数。 (4) 指导幼儿将衣柜整理好。

3. 常见问题与应对策略

（1）哭闹不止，情绪低落——莫慌张，巧妙吸引

撕心裂肺般的哭喊、用尽全身力气抱住家人不肯松手、在教师怀中挣扎、发脾气、拼命想要抓住家人等这一系列的表现都是小班幼儿入园焦虑最生动形象的诠释。作为教师，看到这种情况不要慌张，要尽量想办法去减少幼儿的陌生感，理解幼儿的行为，给幼儿充足的时间适应新环境。例如，可以带着幼儿在户外转一转，让幼儿熟悉幼儿园的环境之后，再带幼儿到活动室。此外，可以充分利用户外的小型体育器械或游戏材料，让幼儿选择自己喜欢的玩具投入轻松的户外游戏之中，玩一玩再回活动室。

（2）不愿说"再见"——尊重幼儿，回避说"再见"

初入园时，幼儿向老师问好并不难，难的是和家长说"再见"，我们会看到有的幼儿粘着家长，迟迟不肯让家长离去。这时候，教师要尊重幼儿，可以先不要求幼儿必须和家长再见，帮助幼儿减少分离焦虑。另外，教师可以通过角色扮演法引导幼儿说再见，例如在娃娃家中，组织入园时的角色扮演游戏，幼儿分别扮演妈妈和宝宝，让幼儿知道放学时妈妈就会来接我，没有抛弃我，早上我可以开开心心地和妈妈说再见。这种方法既能帮助幼儿学会说"再见"，又不会引发幼儿的不良情绪。

（3）今天不高兴——淡化处理，分散注意力

无论是哪个年龄班幼儿，都会出现早上来园情绪不好的问题，如果幼儿来的时候情绪就已经很激动了，可以请家长先和幼儿进行沟通，安抚好幼儿的情绪再送进班里来。如果幼儿表现出情绪不愉快，教师不要直接询问"你怎么不开心了？"，而是要转移幼儿的注意力。例如，告诉幼儿"快到自然角和咱们班的小龟问声好""衣服上的小熊真可爱"等，这样就可以调整情绪。在教育活动或日常生活中，教师可以通过一些儿歌或歌曲来激发小班幼儿的良好情绪。

(4) 经常迟到——家园合作，环境暗示

幼儿迟到的原因大多是家长造成的，因此，教师要与家长沟通交流，使家长了解"准时来园"的重要性。为鼓励幼儿准时来园，教师可以通过环境布置来激励幼儿。当幼儿准时来园时，要及时表扬。

(5) 遇到"爱聊天的家长"——礼貌拒绝，约个时间详谈

有的家长很喜欢找老师聊天，大到聊孩子在幼儿园的表现、生活习惯，小到聊孩子婴儿期的琐碎小事，一聊就没完没了。这时候，教师可以礼貌地说："我也挺愿意和您沟通的，可带着班还真是不踏实，我先照顾孩子，哪天有时间我再和您详细地谈。"此外，教师可以建立QQ群、微信群等，拓宽和家长的沟通渠道。

（二）盥洗

手接触外界物体越多，受到污染的几率也就越高。特别是幼儿，由于其生性活泼好动，更易沾染上不洁物品上的病毒、病菌，如果饭前不洗手，手上的细菌就会被吃进体内而引发各类疾病。因此，盥洗对保持皮肤清洁、养成良好的卫生习惯起着十分重要的作用。

1. 常规要点

表3-3 盥洗的常规要点

环节	要求
洗手	(1) 能用正确的方法洗手，养成认真有序洗手的良好习惯。 (2) 洗手时能不湿衣袖、不玩水、懂得节约用水。 (3) 了解洗手的必要性，饭前、便后能及时洗手。
漱口	(1) 知道漱口的好处，养成每餐后用正确方法漱口的好习惯。 (2) 会用鼓漱的方法漱口。
擦嘴	(1) 养成每餐后用口巾擦嘴的习惯。 (2) 能够照着镜子将嘴巴擦干净。 (3) 擦完嘴后能将口巾放到指定位置。
洗脸	(1) 洗脸时不湿衣袖、不玩水。 (2) 起床后、脸脏时能及时洗脸。
梳头	(1) 知道起床后、头发凌乱时要及时梳头。 (2) 养成梳头前后洗净双手的好习惯。 (3) 养成梳头后清洁梳子和地面的好习惯。 (4) 学习梳头发的基本方法。

2. 保教工作要点

表 3-4 盥洗的保教工作要点

教师	保育员
(1) 教育幼儿懂得盥洗对身体的好处,要求、督促幼儿及时进行盥洗。 (2) 根据盥洗室的空间大小,将幼儿合理分组,提醒幼儿进行洗手活动,保持盥洗室安静有序。 (3) 帮助或指导、提示每个幼儿将袖子挽至胳膊肘处,防止溅湿衣服。 (4) 指导幼儿轻轻打开水龙头调至合适的位置,保持水流柔和。教育幼儿懂得节约用水。 (5) 关注幼儿的盥洗过程,发现有打闹、玩水等情况,及时给予提醒和指导。 (6) 幼儿盥洗结束后,及时用干拖布擦干地上的水,等最后一个幼儿洗完手后再离开盥洗室。 (7) 及时鼓励幼儿在盥洗过程中的进步表现,促进幼儿良好盥洗习惯的养成。	(1) 准备盥洗用具。 (2) 协助教师检查并指导幼儿盥洗活动。 (3) 清洁整理盥洗室及盥洗用品。 (4) 幼儿盥洗后,及时擦拭水池、镜子等。

3. 常见问题与应对策略

(1) 不会洗——编个儿歌

小班幼儿常常按照自己的原有习惯洗手,掌握正确的洗手方法需要一个过程。教师可以将洗手的步骤和方法编成短小有趣的儿歌,通过边洗手边说儿歌,帮助幼儿掌握正确的洗手方法。例如,"手心手心搓搓搓,手背手背搓搓搓,换只小手再搓搓搓,关上龙头甩三下。"

(2) 边洗边玩——加强引导

幼儿喜欢边玩边洗,常常忽略节约用水。教师可以将全班幼儿分组,把控幼儿的洗手时间。此外,教师可以通过专门的教育活动,强化幼儿的节水意识,如"保护水资源"这个活动,引导幼儿观看干涸的河流、干燥的土地等图片,帮助幼儿认识到水资源的珍贵。

(3) 人多拥挤——贴标志物

在洗手池附近的地面上贴个小标志,例如,小箭头、花、泡泡、石头等,并采用游戏化的口吻,如"我们都是小蜜蜂,找到小花快站好",引导幼儿站在标志上排队洗手。

(4) 不擦手——编顺口溜

小班幼儿常常洗完手后,不擦手,两只小手常常是湿的。教师可以用顺口溜引导幼儿擦手,既形象又有趣。如"小毛巾,好朋友,天天帮我擦干手,用完把你送回家,干干净净不乱丢。"

（三）进餐

进餐活动是幼儿园一日生活中最基本的环节，它对培养幼儿良好饮食习惯、进餐能力及健康成长起着重要的作用。为此，教师严格按照幼儿园作息制度安排幼儿进餐（两餐间隔时间不少于 3 个半小时），以养成幼儿按时进餐的习惯。

1. 常规要点

表 3-5　进餐的常规要点

小班	中班	大班
（1）学会使用勺独立进餐。 （2）进餐时注意力集中，不玩耍，不含饭，不哭闹。 （3）逐步养成良好的就餐习惯： ① 一手扶碗，一手拿勺。 ② 一口饭，一口菜地吃。 ③ 细嚼慢咽，不掉饭粒，不剩饭，不汤泡饭。知道添加饭菜要举手。保持桌面干净。 ④ 咽下最后一口饭再站起来去送餐具。 （4）餐后能漱口、擦嘴。	（1）学习使用筷子进餐。 （2）进餐时注意力集中，不玩耍，不打闹。 （3）养成良好的进餐习惯： ① 一手扶碗，一手拿筷子。 ② 一口饭，一口菜地吃。 ③ 细嚼慢咽，不掉饭粒，不挑食，不剩饭菜，不汤泡饭。 ④ 保持桌面、地面干净。 （4）餐后自己送餐具、漱口、擦嘴。 （5）值日生帮助老师整理餐具。 （6）餐后安静活动。	（1）正确使用筷子进餐。 （2）进餐时注意力集中，不玩耍，不含饭，不打闹。 （3）养成良好的就餐习惯： ① 一手扶碗，一手拿筷子。 ② 一口饭，一口菜地吃。 ③ 细嚼慢咽，不掉饭粒，不挑食，不剩饭菜，不汤泡饭。 ④ 进餐时不乱扔残渣，咽下最后一口饭，收拾好残渣，再去送餐具。 （4）餐后漱口、擦嘴。 （5）值日生帮助老师整理餐具。 （6）用餐后安静活动，不打扰同伴。

2. 保教工作要点

表 3-6　进餐的保教工作要点

进餐时间段	教师	保育员
进餐前	（1）餐前组织适宜的活动，引导幼儿保持情绪稳定、愉快，帮助幼儿做好进餐的心理准备。 （2）营造宽松舒适的进餐氛围。 （3）帮助、指导幼儿做好餐前如厕、洗手活动。 （4）用形象有趣的语言向幼儿介绍餐点，也可鼓励幼儿向同伴介绍饭菜营养，做好餐前引导工作，激发幼儿进餐欲望。 （5）进餐前维持好幼儿秩序，避免碰到热的食物发生烫伤。	（1）做好餐前桌面清洁和消毒工作。 （2）将取来的饭菜放在安全处，避免幼儿烫伤。 （3）协助教师督促幼儿盥洗，指导值日生分发餐具。 （4）做好穿配餐服、戴配餐帽、洗净双手等必要的卫生措施后，开始分餐，注意动作要轻，并根据幼儿的进食量盛适量的饭菜。 （5）关注食物过敏、生病、过度肥胖或少数民族幼儿，根据调整方案进行单独配餐。

(续表)

进餐时间段	教师	保育员
进餐中	(1) 指导幼儿学习餐具的使用方法,指导托班、小班幼儿使用小勺进餐,指导中班、大班幼儿使用筷子进餐。 (2) 引导幼儿懂得主食与菜、干点与稀饭搭配着吃。 (3) 指导幼儿学习带皮、带壳、带核食物的吃法;帮助幼儿学习鱼、排骨等带刺、带骨头的食物的吃法。 (4) 提醒幼儿安静进餐,细嚼慢咽。调整身体不适、胃口不好的幼儿的进餐量,必要时帮助他们进餐。及时纠正个别幼儿偏食、挑食、暴食及汤泡饭等不良的进餐习惯。	(1) 为有需要的幼儿及时添盛饭菜。 (2) 当出现打翻饭碗或饭菜洒出的现象时,帮助幼儿及时进行清理,保持进餐环境的卫生。 (3) 协助教师对幼儿进行进餐指导,帮助幼儿养成良好的进餐习惯。
进餐后	(1) 帮助、引导幼儿主动收拾食物残渣,整理餐具并分类放在固定容器里。 (2) 指导幼儿掌握饭后洗手、漱口、擦嘴的正确方法,提示幼儿饭后及时洗手、漱口、擦嘴。 (3) 组织幼儿餐后散步、户外观察和自由活动。	(1) 协助教师督促幼儿饭后及时进行必要的盥洗活动。 (2) 等待幼儿进餐结束后,指导中班、大班值日生进行桌面、地面的卫生清理工作。

3. 常见问题与应对策略

(1) 等着喂——鼓励幼儿

刚入园的幼儿,大多数都不会自己吃饭,等着教师喂。教师可以通过游戏化的语言鼓励幼儿独立进餐。例如,"小河流水哗啦,饭菜流到谁的家?""我们都是跳跳虎,谁的牙齿最厉害?"

(2) 卫生习惯、文明进餐习惯没养成——耐心培养

有的幼儿进餐前不洗手,有的幼儿进餐过程中大声讲话、吃饭不专心,有的幼儿进餐过程中弄得满地都是饭菜,有的幼儿进餐完不擦嘴,面多这些问题,教师可以开展集体活动,耐心培养幼儿良好的卫生习惯以及文明进餐习惯,例如开展主题活动"清洁宝宝",利用故事如《漏嘴巴》,教育他们吃饭时不乱讲话,吃饭要专心。同时,可以学习一些儿歌潜移默化地告诉幼儿一些用餐时的小礼仪。

(3) 挑食、偏食——循序渐进,巧妙引导

幼儿偏食的原因既有身体的因素,如消化不良或食物过敏反应等,但更多的是环境的和心理的因素。教师要用儿童化的语言引导幼儿。如,"我是兔妈妈,我的兔宝宝最爱吃青菜,让我看看谁是我的好宝宝呀?"教师要以自己对饭菜积极的态度影响幼儿。如,"老师最喜欢吃胡萝卜了,真香啊,我的口水都流出来了,谁和老师一样喜欢吃胡萝卜?"对于幼儿不喜欢的食物,教师先将其分成两份,一大一小,鼓励其选择,

让幼儿逐渐接受;通过向幼儿介绍每种食物中的营养,使幼儿了解挑食会造成营养不良,影响身体健康;通过说儿歌、猜谜语,激发幼儿对食物的兴趣。

(四) 如厕

良好的如厕习惯是孩子身体健康成长的必要条件,同时也是幼儿园保育工作的一个重点。

1. 常规要点

表3-7 如厕的常规要点

小班	中班	大班
(1) 逐步养成定时大小便的习惯。 (2) 有大小便及时主动告诉老师,逐渐学会如厕。	(1) 养成定时大小便的习惯,便后洗手。 (2) 掌握正确的如厕方法,学会擦屁股。能够排队入厕,会挽裤腿,不便在便池外,便后及时冲厕。不憋尿、便。 (3) 有异常情况及时告诉老师。	(1) 养成定时大小便的习惯,便后洗手。 (2) 安全入厕,入厕后能独立整理衣裤。能够自觉排队入厕,大小便自理。不憋尿、便。 (3) 有异常情况及时告诉老师。

2. 保教工作要点

表3-8 如厕的保教工作要点

教师	保育员
(1) 带领幼儿熟悉班级厕所环境,学习如厕器具的使用方法。 (2) 组织幼儿有序如厕,组织中班、大班幼儿分别进入男、女厕所如厕,指导幼儿有序做好脱裤子、排便入池、便后自理、提裤子、便后洗手等工作。 (3) 提醒幼儿不在厕所中逗留、玩耍,对幼儿如厕过程中存在的喧哗、嬉戏、聊天、争抢厕位等个别问题和危险行为,及时进行引导和教育。 (4) 及时与家长交流幼儿在园的如厕情况,了解幼儿在家大小便习惯,引导家长重视幼儿在家的如厕教育,并请家长给幼儿准备一两套舒适的衣服带到幼儿园,以备幼儿拉裤子、尿裤子时进行及时更换。 (5) 引导幼儿主动做好集体活动、户外活动、进餐、午睡等活动前的如厕准备。 (6) 鼓励幼儿节约手纸、手纸入桶、便后洗手、冲水等良好的行为,逐步培养幼儿良好的如厕习惯。	(1) 做好如厕前的物质准备工作,保持厕所地面干燥,空气清新,保持便池洁净无异味,将手纸放在幼儿易于取到的位置。 (2) 指导并帮助年龄较小的幼儿如厕,鼓励年龄较大的幼儿独立穿脱、整理衣裤,使用卫生纸从前到后擦屁股。 (3) 提示幼儿便后冲水,并用肥皂洗净双手。 (4) 耐心为尿裤子和拉裤子的幼儿更换衣物、清洗衣物,并与带班教师沟通。 (5) 关注幼儿如厕次数和大小便情况,当发现幼儿拉肚子或长时间未如厕的情况,及时与带班教师沟通。 (6) 定时清洁整理厕所,每天下班前对厕所进行彻底清洁和消毒。

3. 常见问题与应对策略

（1）不会擦——家园配合，耐心引导

幼儿学会自己擦大便，需要一个反复实践的过程，才能够比较好地掌握这项本领。对于使用便纸，小班幼儿因肌肉发育还不完善，可先以适应如厕流程为主，对使用便纸不强制要求。中班幼儿可以指导其使用便纸的方法，从前往后擦，包上纸再擦一次扔掉。大班幼儿则是养成良好的使用便纸习惯，并能节约便纸，培养良好的如厕习惯。幼儿最初自己擦大便时，教师或家长要用形象的语言教给幼儿具体的方法（从前向后擦，然后把纸包好再擦一次，将用过的纸扔掉，换一张纸再擦两次）。幼儿自己擦完后，成人要帮助幼儿再擦一次，以免擦不干净。

（2）忘记冲水了——给冲水按钮加个小装饰

幼儿大、小便后转身就走，忘记冲水，既污染空气，又不利于形成良好的习惯。教师可以装饰冲水按钮，提醒幼儿便后冲水。如，在按钮上贴一只可爱的小猪，小猪的鼻子正对着按钮。或者贴个能发出声音的小玩具，有了它，幼儿一定不会忘记冲水了。

（3）不敢如厕——营造温馨如厕氛围

小班幼儿初入园，有时会出现不敢或不喜欢在园如厕的情况，尤其是大便，一些中、大班幼儿也会出现类似的情况。正是因为不敢，所以常有尿裤子、拉裤子的情况发生。教师可着重营造温馨的如厕氛围，减少幼儿如厕时的紧张感，如通过一些幼儿熟悉的卡通形象、动物造型对盥洗室进行布置，在墙壁、挡板上贴一些暗示图片，在台盆或窗台上放一些盆栽、小饰品等，让幼儿感到亲近、放松（装饰品要注重安全性，防止玻璃制品、尖角出现）。

（4）总是尿裤子、拉裤子——保护自尊心，还要多关注

有的幼儿因生理或心理问题，总是尿裤子或者拉裤子，教师不要埋怨或批评幼儿，要注意保护幼儿的自尊心，同时，一定要多关注幼儿。户外活动、集体教育活动之前，教师要提醒全班幼儿大小便。对于常常因贪玩而尿裤子的幼儿，教师要多询问。有的幼儿尿了裤子经常不告诉教师，就需要教师多检查，并引导幼儿了解"憋尿"对身体的影响，帮助幼儿逐渐养成自主如厕的良好习惯。

（五）喝水

水是人体重要的组成部分，年龄越小，水在体内占的比重愈大。幼儿生性好动，生长发育迅速，新陈代谢快，为了保持体内消化、吸收、循环、排泄等生理作用的正常进行，其生理需水量相对比成人多。为此，教师每天要为幼儿准备好当日足量的安全的饮水（400—600毫升/人/日）。另外，还可以为幼儿介绍饮水的重要性、饮水的小常识等，帮助幼儿了解宝贵的水资源的相关知识，使幼儿懂得节约用水。

1. 常规要点

表 3-9　喝水的常规要点

小班	中班	大班
(1) 认清自己的水杯标志,用自己的水杯喝水,用后放回原处。 (2) 口渴时随时喝水。 (3) 不喝生水。	(1) 认清自己的水杯标志,用自己的水杯喝水,用后放回原处。 (2) 口渴时随时喝水。 (3) 不喝生水,喝水时不打闹,不浪费水。	(1) 认清自己的水杯标志,用自己的水杯喝水,用后放回原处。 (2) 口渴时随时喝水。 (3) 不喝生水。 (4) 做到喝多少倒多少,注意节约用水。

2. 保教工作要点

表 3-10　喝水的保教工作要点

教师	保育员
(1) 组织幼儿喝水前洗干净双手。 (2) 激发幼儿喝水的愿望,组织幼儿轮流喝水。 (3) 提醒幼儿端取自己的水杯喝水,指导幼儿有序、独立接适量的水喝。 (4) 指导幼儿握好杯把,端稳杯子,轻轻走到喝水区慢慢喝水,提醒幼儿不要把水洒到衣服或地面上。 (5) 关注幼儿喝水情况,及时肯定幼儿的良好喝水行为,对喝水时聊天、打闹、说笑的幼儿及时进行提醒和引导。 (6) 鼓励幼儿喝完杯中的水,对此教师要注重发挥榜样示范的作用。提醒幼儿喝完水后将杯子放到固定位置。 (7) 帮助幼儿了解喝水与身体健康之间的关系,学习根据身体需要饮用适量的水。	(1) 为幼儿准备温度适宜的白开水(30 ℃左右)。 (2) 提前擦拭、整理盥洗室,保持室内干燥和整洁。 (3) 幼儿不小心洒水时,及时擦拭地面,避免幼儿滑倒、摔伤。引导幼儿在地上有水时及时告诉老师,可指导大班幼儿尝试清理地面,保持地面干燥。 (4) 关注幼儿嘴巴或衣服上是否有水迹,及时用毛巾帮助托班、小班幼儿擦干或更换晾晒,提醒中班、大班幼儿及时用毛巾擦拭嘴上的水迹或更换被弄湿的衣服。 (5) 协助教师关注幼儿喝水情况,对出现问题的幼儿及时给予指导。

3. 常见问题与应对策略

(1) 不爱喝——用游戏口吻来引导

许多幼儿刚入园时,都不愿接受白开水的味道,很长时间也喝不下几口水。教师可以拿起自己的水杯和幼儿一起喝水,并与幼儿玩"干杯"游戏,鼓励幼儿和老师比一比"谁喝得多"。或者对幼儿说,"谁喝水的声音咕咚咕咚真好听? 快让老师听听你喝水时的咕咚咕咚声。"还可以请幼儿当小汽车,玩"加油"游戏,哪辆小汽车加得油多,哪辆小汽车就跑得快。教师也可以扮演成"象妈妈",看看谁是妈妈的好宝宝,吸水吸得最多。

(2) 饮水量不够——做个喝水记录

幼儿常常想不起来主动接水喝,教师集体组织喝水时,有的幼儿也只接一点儿,教师不妨用环境来提醒、激励幼儿主动饮水。如将幼儿的照片制成一朵朵可爱的花朵,准备许多"小水滴",幼儿喝一杯水,就可以取下一个小水滴粘在自己的小花瓣上。这既能激励幼儿,也便于教师掌握幼儿的饮水量。教师还可以引导幼儿讨论"喝水少会对身体造成哪些影响","出现哪种情况要多喝水"(生病了、嗓子疼、出汗多、小便发黄、大便干燥等),并根据讨论的内容制作成宣传画。

(3) 不主动喝水——开个小水吧

幼儿总是想不起来根据自己的需要主动喝水,不妨在班上开个小水吧,将喝水变成一个角色游戏,吸引幼儿主动来喝水。教师先要和幼儿一起讨论什么情况下要主动喝水,然后共同准备水吧的材料,如水壶、服务生的服装、鼓励喝水用的标志等。区域游戏的时候,幼儿可以来水吧喝水,也可以由服务生主动邀约。为了使幼儿对这个活动更加充满兴趣,除白开水以外,还可以根据季节增加果汁水、酸梅汤、梨水等,并和幼儿一起讨论确定什么情况下可以喝其他水,什么情况下只能喝白开水。

(六) 午睡

午睡对于幼儿的身体发育具有重要的意义。在睡眠状态中,疲劳了的细胞既可以得到休息,又可从血液里得到新的养分,体力也逐渐得到恢复。正常人的生理睡眠时间和深度,都随着年龄、身体状况和季节的不同而不同。一般来说,青年人、成年人睡 8 个小时就够了,而幼儿正是生长发育旺盛的时期,就要睡 11—12 个小时才能够满足身体健康的需要。因此,幼儿利用午睡时间对睡眠时间进行补充是非常重要的。

1. 常规要点

表 3-11　午睡的常规要点

小班	中班	大班
(1) 进入寝室后不玩耍,保持安静。 (2) 在成人帮助下,学会脱衣服。 (3) 养成右侧卧或仰卧的习惯。 (4) 按时起床。 (5) 在成人帮助下,能按次序穿衣服、鞋袜。	(1) 进入寝室后不打闹,不说笑,保持安静。 (2) 独立地、有次序地脱衣服、鞋袜,叠放整齐放在固定位置。 (3) 养成右侧卧或仰卧的习惯。 (4) 掀开被子,按时起床。 (5) 按次序穿好衣服、鞋袜,服装整齐。 (6) 学会叠被子。	(1) 进入寝室后,保持安静,不带杂物、异物上床。 (2) 迅速地、有秩序地脱衣服,叠放整齐后放到固定位置,春、秋、冬季穿衬衣、衬裤入睡,夏季穿背心、短裤。 (3) 睡姿正确,右侧卧或仰卧,就寝时不蒙头,不趴睡。 (4) 按时起床。 (5) 迅速有次序穿好衣服、鞋袜,服装整齐。 (6) 整理床铺,被子叠得整齐,床单平整。 (7) 起床后,主动、安静地盥洗。

2. 保教工作要点

表 3-12　午睡的保教工作要点

教师	保育员
（1）组织幼儿进行散步、如厕等睡前准备工作。 （2）指导幼儿脱衣，并有序叠放。 （3）提示幼儿把手中物件集中放置后安静进入午睡房。 （4）指导并帮助幼儿放平枕头，盖好被子。 （5）指导幼儿保持正确的睡眠姿势，以右侧卧位为好。 （6）值午睡班时不能离岗，要巡视、观察幼儿的睡眠状况，注意起床如厕幼儿的安全；幼儿出现高烧、惊厥、腹痛等紧急情况时，立即采取恰当方式处理，必要时通知保健医生或相关人员，立即带幼儿去医院就诊；个别幼儿做噩梦哭喊时，及时赶到他身边安慰。 （7）提醒早醒的幼儿保持安静，以免影响同伴。 （8）幼儿起床后，指导、帮助幼儿穿好衣服，鼓励中班、大班幼儿自己穿衣、整理床铺。	（1）为幼儿准备舒适的午睡环境，保持室内空气清新、温度要适宜，拉好窗帘，调节光线。 （2）协助教师做好睡前如厕等准备工作，检查幼儿有无带物品上床现象。 （3）引导幼儿在午睡房保持安静，协助教师指导幼儿保持正确的睡眠姿势，及时纠正蒙头睡觉或趴着睡的幼儿。 （4）值午睡班时不能离岗，巡视、观察幼儿的睡眠状况，注意起床如厕幼儿的安全；幼儿出现高烧、惊厥、腹痛等紧急情况时，立即采取恰当方式处理，必要时通知保健医生或相关人员，立即带幼儿去医院就诊；个别幼儿做噩梦哭喊时，及时赶到他身边安慰。 （5）幼儿起床离开午睡房后，开窗通风，并将被子打开，晾十分钟。 （6）协助教师指导、帮助幼儿穿好衣服，鼓励、指导中大班幼儿独立叠被、整理床铺、打扫午睡房。

3. 常见问题与应对策略

（1）需要老师陪——逐渐过渡

对于需要教师陪伴入睡的幼儿，教师可以先满足其要求，然后逐渐过渡。如从坐在床边陪伴，过渡到远距离的陪伴，从长时间的陪伴到短时间的陪伴。对于依恋家长不能入睡的幼儿，教师可以让幼儿带一张家长的照片，让幼儿心理有所安慰。对于一些分离焦虑严重的幼儿，教师要与家长协商，让幼儿午饭后回家睡觉，从半日逐渐过渡到全天。

（2）带着玩具睡——给玩具找个家

有的幼儿刚入园时，有抱着玩具睡觉的习惯，教师不要强迫幼儿改变习惯，当幼儿逐渐适应幼儿园生活后，可以请幼儿为自己的玩具找家，和他一样睡午觉。或者放在幼儿能看到的地方，让玩具看着他入睡。

（3）不会叠衣服——用儿歌引导幼儿学习

教师可以将叠各种衣服的方法编成生动形象的儿歌，引导幼儿学习叠衣服的方法。如"小衣服，躺平了，两扇大门要关好，左臂弯一弯，右臂弯一弯。"

案例研究

带进午睡室的剪刀

在一次剪窗花活动中，冬冬小朋友对小剪刀产生了浓厚兴趣。活动快要结束时，他趁老师不注意，迅速地将剪刀藏在口袋里，并带进了午睡室。

午睡时，冬冬悄悄地拿出小剪刀开始游戏。他一会儿剪剪床单，一会儿剪剪被子，最后竟然对着睡在旁边的乐乐腿上的短裤剪。正剪得开心时，乐乐的一声惊叫不仅把冬冬吓一跳，也把打瞌睡的老师惊醒了。原来顽皮的冬冬用小剪刀剪乐乐短裤时，剪到了乐乐的大腿，造成浅表性的划伤。好在剪刀不是很锋利，否则后果不堪设想。

谈谈如何做好幼儿园午睡管理工作。

在这个案例中，东东小朋友因对小剪刀有浓厚的兴趣，就趁着教师不注意，把其带到了午睡室，当其他小朋友都在午睡时，东东小朋友又玩起他心爱的剪刀，不仅剪坏了乐乐的短裤，还剪到了乐乐的大腿，造成浅表性创伤。所以，幼儿园教师在组织幼儿午睡时，要提示幼儿把手中物件集中放置后再安静进入午睡房，并且在幼儿午睡的过程中，教师不能离岗，要巡视、观察幼儿的状况，以防出现危险。

（七）离园

离园是幼儿园一日生活的尾声，但同样是不可忽视的重要环节。在这个环节中，教师如能有目的、有计划地组织好幼儿活动，便会给幼儿一日的在园生活画上圆满的句号。

1. 常规要点

表3-13 离园的常规要点

小班	中班	大班
（1）在老师的提醒、帮助下将玩具、小椅子等收拾整齐，放回原处。 （2）在成人帮助下，穿好外衣，服装整齐。 （3）向老师和小朋友告别。	（1）离园前将玩具、小椅子放回原处。 （2）逐步做到独立穿好衣服，服装整齐。 （3）有礼貌地向老师和小朋友告别。	（1）愉快参加自选活动，不影响别人。 （2）将玩具、小椅子等收拾整齐，放回原处。 （3）穿好衣物，服装整齐。 （4）主动向老师和小朋友告别。

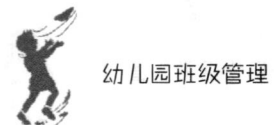

2. 保教工作要点

表 3－14　离园的保教工作要点

教师	保育员
(1) 引导幼儿回忆、表达一天的快乐生活，鼓励幼儿的点滴进步，引导幼儿学习关注、欣赏和赞美同伴。 (2) 帮助幼儿穿好外衣，整理好裤子，检查鞋子。 (3) 引导幼儿学习整理仪表，重点指导幼儿整理衣袖，提好裤子。 (4) 引导幼儿整理自己的物品，能不遗漏自己的物品且不乱拿别人的物品。 (5) 组织幼儿进行离园活动，稳定幼儿情绪，使他们耐心等待家长来接。 (6) 向家长介绍幼儿在园的一日生活情况，对家长的疑问进行解答，并提出指导性建议。 (7) 严格执行幼儿园离园接送制度，确保幼儿安全。 (8) 接待家长时要兼顾未离园幼儿的活动，并及时介入指导。 (9) 鼓励幼儿离园时有礼貌地和教师、同伴说再见，支持幼儿之间自主友好的约定。	(1) 协助教师在离园前和幼儿进行总结性谈话，对一日生活进行简单小结，及时肯定幼儿在生活自理方面的进步。 (2) 协助教师帮助、督促幼儿整理衣装及带回家的物品。 (3) 清洗、消毒幼儿生活用品，清洁整理班级环境。 (4) 做好水、电以及门窗的安全检查工作。

3. 常见问题与应对策略

（1）渴望见家人，心情急切——理解幼儿的情绪

幼儿入园初期，在他们离园时我们会经常看到：幼儿一见到家长，就跑着扑向家长的怀抱，有的不停地叫妈妈，在妈妈的脸上亲了又亲；有的会一下子扑到家长怀里，委屈地大哭一场；也有的会一直让家长抱着走回家。出现这些现象的原因是，幼儿初到幼儿园，周围环境的变化，让他们感到陌生和无助，甚至出现心理焦虑。等到父母来接时，紧张不安的情绪瞬间得以释放。面对离园环节存在的情绪问题，教师要积极引导幼儿离园时保持稳定愉悦的情绪状态，乐意参与离园活动，体验与教师、同伴相处的快乐。

（2）漫长的等待——开展离园活动

教师可以引导幼儿开展一些适合本年龄班幼儿特点的离园活动，减少消极等待，培养幼儿自主活动的能力，使离园有序而有意义。如可以组织幼儿玩集体游戏；中、大班也可以由值日生带领其他幼儿玩手指游戏、复习儿歌、玩一些易于收放的玩具、观看适宜的动画片等。

(3) 玩具整理归位意识不强——用游戏口吻来引导

幼儿听到家长来接,常常会迫不及待地跑出班去,忘记将手中的玩具放回原处。教师可以用游戏口吻引导幼儿,如"小朋友要回家了,玩具送回家了吗?"在日常生活中,教师还可以带领幼儿学习一些收玩具的儿歌,帮助幼儿养成良好的习惯。

(4) 自己跑出去——和幼儿有个约定

有的幼儿看见别的小朋友的家长来接孩子,就自己跑出班;或者看见自己的家人,还没等老师叫名字就冲出去。因此,教师要和幼儿约定好,只有教师叫到自己的名字,和老师告别后才能离园,避免因交接不清引发的一系列问题。教师还可以编一些小故事,如《妈妈哪去了》等,对幼儿进行离园的安全教育。有些个别幼儿,教师要多关注,或请配班教师专门照看。

三、一日生活常规建立的方法与途径

(一) 营造宽松、温馨的家庭式氛围

做好班级管理工作,首先要创设宽松、愉悦、温馨的家庭式氛围,这对班级孩子的常规形成十分重要。教师每天应该主动热情地接待孩子,和孩子拉近距离,亲切呼唤孩子的乳名,和孩子交朋友,以自己的童心去跟孩子沟通与交流。除了继续创设和谐温馨的家庭式氛围以外,还应该注重幼儿主人翁意识的培养。如在环境的创设方面,区角如何摆放、墙面如何布置都充分尊重幼儿意见,让孩子知道自己是班级大家庭中的一员,积极参与、共同商量、共同创设。这样更能提高幼儿的兴趣和创造性,使幼儿有改变环境的成就感和责任感,也有助于对幼儿进行爱惜劳动成果和爱护环境的教育。

(二) 处理好各种关系

做好班级管理工作,必须处理好与幼儿、配班教师、家长这三者的关系,充分调动他们参与游戏、学习、共教的积极性,形成教育的合力,这样才能尽善尽美地完成好班务工作。班级管理工作,其实就是做人的工作,是与人和睦共处且促使整个团体通力合作。例如在与老师和家长沟通时,教师应该用最忠诚的心与他们交流沟通,但要注意沟通方式技巧,如对别人的不足,用先扬后抑的方式提出,可能的话可以用开玩笑的语气提醒。总之,要尊重别人的感受,才能做到更有效地沟通。教师要学会关心他人,重视运用自己的非权力性影响力,即运用自己正直无私、坦诚宽容、平易近人等人格力量,以自己良好的素质和修养,加上与班组成员的情感互通,使彼此间产生敬佩感、信赖感、亲切感,相互以情感人,把班集体建设成一个温馨、和谐的小家庭。

(三) 转换角色观念

做好班级管理工作,班级管理者必须由权威观念向服务观念转换。传统意义上

的班级管理者是管理整个班集体的权威,班级的一切活动计划、活动安排、活动规则都是由班级管理者一个人制订,配班老师和保育员包括孩子和家长都听从安排,被动地配合开展活动。目前,随着《幼儿园教育指导纲要(试行)》的颁布与实施,新的教育理念要求教师由传统的知识传授者转变为幼儿学习的支持者,要求人人都是管理者。因此,对于班级活动的设计和组织安排,班级管理者要大胆放权,由权威的前台走向服务的后台,让孩子、家长、配班老师和保育员都走到班级管理的前台,这样班级管理才能收到事半功倍的效果。

(四)充分利用家长资源

做好班级管理工作,幼儿园管理工作的有序开展是离不开家长的支持和配合的。在幼儿园的班级管理中,有些活动要征求家长的意见,或让家长参与指导。在每学期初都要召开家长会,在家长会上向家长介绍班级将要开展的一些工作、幼儿开学来的一些情况、家长将要配合的一些事情,提出家园合作的重要性等。让家长了解到,只有家长切实地参与,才能促使幼儿身心和谐地发展,才能使班级管理得更好。为了使家长进一步明确配合的内容,保证工作的顺利开展,还应该设计家长园地,推选家长委员,确定家长开放日和家庭友好小组活动等。

(五)加强班级安全意识

做好班级管理工作,班级管理者应该充分加强班级安全意识。幼儿活泼好动,容易发生人身伤害事故,老师稍有疏忽就有可能负法律责任。种种相关的报道常见诸报端,时刻提醒作为班级管理者要提高法制意识,尽量避免意外事故的发生。例如外出散步时,有安全意识的老师就会检查幼儿鞋子的鞋带有没有系好,会叮嘱幼儿不要乱跑。在游戏中眼睛不离幼儿,及时制止幼儿的一些冒险行为。

(六)做好有效率的班级计划

做好班级管理工作,还要制订有效的班级计划。做什么事情都要有计划,比如在学期初认真仔细地制定工作计划是学期工作开展的重要条件,为将要发生的事情做到心中有数,提前将解决问题的措施想好,这样在开展工作时,便能从容不迫地"兵来将挡、水来土掩"。同样面对环境创设,首先自己脑袋里要有一个大致的方向,然后不断地收集资料,切忌临时"抱佛脚"。再如班级的常规,一定要做到心中有数,开学的时候就让孩子按照要求去做,孩子就会觉得这是一种习惯,不会产生压力,如果常规一开始没有固定好,就很难把他们不好的习惯纠正过来。

第二节 一日生活安全管理

一、一日生活各环节的安全管理

《幼儿园教育指导纲要(试行)》中指出:"幼儿园必须把保护幼儿的生命和促进幼儿的健康放在首位。"

《幼儿园工作规程》中也有强调幼儿园应保证幼儿安全,规定如下:

第十二条 幼儿园应当严格执行国家和地方幼儿园安全管理的相关规定,建立健全门卫、房屋、设备、消防、交通、食品、药物、幼儿接送交接、活动组织和幼儿就寝值守等安全防护和检查制度,建立安全责任制和应急预案。

第十三条 幼儿园的园舍应当符合国家和地方的建设标准,以及相关安全、卫生等方面的规范,定期检查维护,保障安全。幼儿园不得设置在污染区和危险区,不得使用危房。幼儿园的各项设施、装修装饰材料、用品用具和玩教具材料等,应当符合国家相关的安全质量标准和环保要求。入园幼儿应当由监护人或者其委托的成年人接送。

第十四条 幼儿园应当严格执行国家有关食品药品安全的法律法规,保障饮食饮水卫生安全。

第十五条 幼儿园教职工必须具有安全意识,掌握基本急救常识和防范、避险、逃生、自救的基本方法,在紧急情况下应当优先保护幼儿的人身安全。幼儿园应当把安全教育融入一日生活,并定期组织开展多种形式的安全教育和事故预防演练。幼儿园应当结合幼儿年龄特点和接受能力开展反家庭暴力教育,发现幼儿遭受或者疑似遭受家庭暴力的,应当依法及时向公安机关报案。

第十六条 幼儿园应当投保校方责任险。

第二十条 幼儿园应当建立卫生消毒、晨检、午检制度和病儿隔离制度,配合卫生部门做好计划免疫工作。幼儿园应当建立传染病预防和管理制度,制定突发传染病应急预案,认真做好疾病防控工作。幼儿园应当建立患病幼儿用药的委托交接制度,未经监护人委托或者同意,幼儿园不得给幼儿用药。幼儿园应当妥善管理药品,保证幼儿用药安全。幼儿园内禁止吸烟、饮酒。

第二十一条 供给膳食的幼儿园应当为幼儿提供安全卫生的食品,编制营养平衡的幼儿食谱,定期计算和分析幼儿的进食量和营养素摄取量,保证幼儿合理膳食。幼儿园应当每周向家长公示幼儿食谱,并按照相关规定进行食品留样。

由此可见,安全是幼儿园的头等大事,幼儿园的保教人员要坚守自己的岗位,对一日生活中的安全问题做到心中有数。

（一）入园

表 3-15　入园的安全管理要求

涉及人员	安全管理要求
校车司机	1. 在校车行驶过程中，应遵守交通规则。 2. 校车抵达幼儿园后，对校车内幼儿是否全员下车做检查，杜绝个别幼儿遗留在校车内。
保安	1. 统一着装并配带必要装配站立在幼儿园门口，注意观察周围情况，如有异常应立即做出处理。 2. 严格执行幼儿园接送卡制度，杜绝闲杂人等进入幼儿园。
幼儿家长	1. 配合晨间教师接受晨检，主动告知幼儿身体健康状况。 2. 在规定的入园时间内送幼儿进园，亲手将幼儿交给幼儿教师。
晨检教师	认真做好"一问、二看、三摸、四查"，发现情况及时妥善处理。
主班教师	1. 按规定时间到岗到位，准备一天活动。 2. 检查幼儿活动空间及各项器材是否存在安全隐患。 3. 检查幼儿是否携带细小、尖锐的危险物品，如有发现应及时没收或代为保管。 4. 如有家长给幼儿带药，教师要将药品的服用方法详细登记在记录本上；不允许幼儿自己带药，教师不得将药放在孩子能够得到的地方；给幼儿喂药时要认真核对姓名、剂量、服用时间；做好药品的交接班工作。
保育员	1. 按规定时间到岗到位，事先做好室内外空气流通、晨间准备。 2. 地面随时保持清洁，尽量保持干爽，防止幼儿滑倒。

（二）盥洗

表 3-16　盥洗的安全管理要求

涉及人员	安全管理要求
幼儿教师	1. 盥洗时，教师要站在盥洗室门口组织好幼儿，在盥洗室内不可推跑，按顺序盥洗、入厕，不拥挤、不打闹。 2. 教育幼儿洗手时用小水流洗手，防止溅到身上，洗完后随手关好水龙头。
保育员	1. 保持洗手间、卫生间地面干爽，以免滑倒。 2. 管理好并教幼儿正确使用洗涤用品，教育幼儿不拥挤，防止跌倒碰撞在水池或便池边沿。 3. 消毒液、洗剂和杀虫剂应放置在幼儿接触不到的地方，并妥善保管好。班内不得存放盐酸、硫酸、爆炸物等有毒有害物品。

（三）进餐

表 3-17　进餐的安全管理要求

涉及人员	安全管理要求
食堂采购员	1. 必须到持有卫生许可证的经营单位采购食品。 2. 禁止采购变质、腐烂、混有异物及有毒、有害、被污染的食品。 3. 采购食材应新鲜，禁止采购超过保质期限的食品。 4. 采购回来的食品要分类储藏，定期检查、及时处理超过保质时限的食品。
厨师	1. 按时上班，尽职尽责，注意个人卫生。 2. 做好炉头及厨房的清洁工作。 3. 按照有关规定存储、烹饪食品，保证食品的新鲜、卫生。
幼儿教师	1. 分餐时，要求幼儿不把手放在桌子上，分发食物不要越过幼儿头顶传递，应从侧面送给幼儿。 2. 进餐时，要提醒幼儿不讲话、不打闹。 3. 教师不催促、强迫幼儿进食。 4. 教师到幼儿座位上给幼儿盛汤，禁止汤桶在幼儿头上穿过。 5. 幼儿进餐期间，教师不得离岗，不允许教师和幼儿同时进餐。 6. 当部分幼儿已吃完，应有一名教师组织好孩子的活动。幼儿未进餐完，不得提前扫地。
保育员	1. 幼儿饭菜的温度要适宜，热汤、热饭、热水应放在安全地方，要注意避免烫伤幼儿。 2. 进餐前要做好消毒和各项准备工作，要组织幼儿安静活动，教育幼儿不随意离开小椅子，不玩玩具。进餐时，要求幼儿不讲话，不玩餐具，保持良好的进餐秩序。

（四）如厕

表 3-18　如厕的安全管理要求

涉及人员	安全管理要求
幼儿教师	1. 入厕时，教师要组织好幼儿，避免幼儿拥挤、推跑、打闹。 2. 如厕后，教师要教育幼儿洗手时用小水流洗手，防止溅到身上，洗完后随手关好水龙头。
保育员	1. 保持洗手间、卫生间地面干爽，以免滑倒。 2. 管理好并教幼儿正确使用洗涤用品，教育幼儿不拥挤，防止跌倒碰撞在水池或便池边沿。 3. 消毒液、洗剂和杀虫剂应放置在幼儿接触不到的地方，并妥善保管好。班内不得存放盐酸、硫酸、爆炸物等有毒有害物品。

（五）喝水

表 3-19　喝水的安全管理要求

涉及人员	安全管理要求
幼儿教师	1. 指导幼儿安全有序地接水、喝水，不推搡打闹。 2. 喝水时注意防烫伤。
保育员	1. 保温桶每日清洁、消毒，幼儿个人专用饮水杯每日清洗消毒。 2. 水温视季节合理调整，夏季水温不高于 40 度。

（六）午睡

表 3-20　午睡的安全管理要求

涉及人员	安全管理要求
幼儿教师	1. 遵守幼儿园规章制度，带班时不午睡，时刻关注幼儿状况。 2. 要提醒和检查幼儿不带异物、头饰上床。 3. 教师要注意随时巡视，检查幼儿的睡姿，对身体特殊的幼儿要随时注意观察、测体温，发现问题及时向保健医生和园长报告。 4. 按时组织幼儿起床，及时帮助需要帮助的幼儿穿衣服，检查幼儿衣服、鞋袜等是否穿错。 5. 要及时提醒幼儿小便。
保育员	1. 午睡前，要检查窗户是否关好。要挡好窗帘，并保持寝室内温度适宜。 2. 按时组织幼儿起床，及时帮助需要帮助的幼儿穿衣服，检查幼儿衣服、鞋袜等是否穿错。

（七）离园

表 3-21　离园的安全管理要求

涉及人员	安全管理要求
幼儿教师	1. 家长来接幼儿前，教师要将幼儿组织好。 2. 要将幼儿亲自交到家长手中。 3. 要及时清点幼儿人数，发现情况及时上报。 4. 晚班老师在本班幼儿全部被家长接走时，要关好门窗，检查好水电开关，整理好班级物品。
保育员	保育员离园时，要打扫好活动室卫生，做好消毒工作，关好门窗，检查好水电开关，整理好班级物品。
保安	1. 统一着装并配带必要装配站立在幼儿园门口，注意观察周围情况，如有异常应立即做出处理。 2. 严格执行幼儿园接送卡制度，杜绝闲杂人等进入幼儿园。
校车司机	1. 定期进行安全学习，并随时检查车辆行车状况，出现安全隐患及时报告。 2. 认真填写交接记录、便条记录。内容要详细、明确。把班级交代情况如实反馈给家长。

二、一日生活中意外伤害事故的危机管理

一日生活中意外伤害事故是指幼儿在园一日活动中诸多方面,包括入园、盥洗、进餐、如厕、喝水、午睡、离园等环节,因内部因素长期积累到一定程度所面临着突然出现的变化或突然爆发而形成的危机或突发事件。例如,晨检制度流于形式,造成传染性疾病或大面积地暴发传染病危机;食品卫生监管不力,造成食物中毒危机;门卫制度不严,造成幼儿走失危机;幼儿园设施不良、设备年久失修、没有及时保养或者存在细节隐患没有及时发现,造成意外伤害危机;幼儿安全意识薄弱,自我保护能力差,造成相互伤害危机;活动区材料卫生问题发生污染,引发交叉感染危机;离园接送时,人多混杂引发接送危机;儿童活泼好动、喜欢探索、对任何事物都充满极大的好奇心,但由于身体协调性差,缺乏自我保护能力和意识,不可避免地会发生一些意外伤害事故,如擦伤,骨折,异物入鼻、耳等。面对这些突如其来的意外事故,如果处置不当,不但会延误幼儿的治疗,给幼儿造成痛苦,而且还会造成家园之间的矛盾纠纷。因此,一日生活中意外伤害事故的危机管理,对幼儿园来说极为重要。

危机管理就是一种针对危机情境所做的管理措施及应对策略,即组织为避免或减轻风险和危机所带来的严重威胁而所从事的长期规划及不断学习、适应的动态过程。一日生活中意外伤害事故的危机管理是面对幼儿可能遭遇的危机情境,所采取的一系列应对策略,是幼儿园管理者主动规划、调整管理措施,以期避免或减轻危机所带来的威胁的动态过程。一日生活中意外伤害事故的危机管理应遵循以下原则:

(一)预防性原则

幼儿园管理者必须牢固树立"预防为主,防范胜于抢险"的思想,坚持以"忧患意识"来思考和构筑幼儿园安全的第一道防线,把危机管理摆上幼儿园一日工作议事日程,时刻绷紧"危机"这根弦。要培养教职工的危机意识、安全意识和工作的责任心,让教职工意识到安全工作的首要性、重要性、严肃性,实行安全一票否决制和责任追究制,带领教师了解和学习幼儿园的各项安全规章制度,要求在日常工作中严格执行幼儿园安全规章制度,同时以全国各类典型安全事故为警示,共同分析事故发生的原因,让他们充分意识到自己在消除和避免危机中的巨大责任,从而提升对各种事故后果的预见性,做到警钟长鸣。

(二)制度性原则

制度是幼儿园管理的重要方面,有了科学明确的规章制度,幼儿园的管理才会良性循环。幼儿园很多危机的发生往往是因为规章制度出现了问题,很多幼儿园的工作"无法可依、有法不依、执法不严、违法不究"。这里面的"法"指的就是幼儿园各项规章制度,制定切实可行、具体明确、可操作性强的各种制度,涵盖幼儿园一日生活中

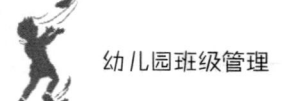

所有的安全方面内容,包括食品留样制度、索票索证制度,等等,让全体教职工有章可循、有据可依,并要求员工严格执行制度,奖惩分明,共同担负起对幼儿安全管理的义务,确保幼儿的安全,把危机隐患降到最低点。

幼儿园在建立预防幼儿意外伤害事故制度时要考虑以下两个方面:一是设施安全,设施不安全是意外伤害事故发生的重要原因,幼儿园要按照有关规定采购符合标准的设施、用品、用具,并对这些设施、用品、用具进行定期维修、更换。二是员工教育,要使安全教育经常化、时时化、制度化、落实化,在意识到安全教育重要性的同时,通过大型活动的开展、突发事件的模拟演练等,检验员工处理意外事故的能力。

在制定相关制度时,要有明确的奖惩制度,做到功过分明,赏功罚过,激励组织成员尽职尽责。幼儿园危机管理要避免权责不明、奖惩不公、互相推诿等因素造成的人为性危机,争取做到"有法可依、有法必依、执法必严、违法必究"。

(三)组织性原则

危机管理不是园长一个人所能全部承担的,一定要发动和依靠全园教职员工的力量,群策群力,广泛凝聚共识,增进沟通协作。因此,幼儿园危机管理的有效开展需要一个健全的领导组织体制,可以是"幼儿园危机处理办公室"或者"幼儿园危机管理小组",明确职责、落实责任,这是做好幼儿园危机管理的组织保障。成立以园长为组长,行政后勤副园长、综治副园长为副组长,教学副园长、保卫科长、安全员、保安、食堂管理员、保健人员、班主任为组员的危机管理领导小组。小组需制定幼儿园一日生活中的危机管理计划,包括园内大型活动、户外活动、突发传染病、突发疾病、火灾、地震、食物中毒、触电、撞伤摔伤、烫伤、骨折、走失、幼儿接送等。计划要明确相关人员的基本职责、可能遇到的不安全因素、排除不安全因素的具体措施以及危机发生时的应对策略等。

危机管理组织机构应该是一个常设性机构,不能在危机发生后才临时成立。日常工作中,危机管理部门就应该加强危机管理工作,加强检查,强化各部门各岗位的危机意识,加强对危机的预防和演练。危机一旦发生,危机管理小组应迅速做出反应,各司其职,妥善解决危机,而非一盘散沙乱作一团,不知所措。

(四)及时处理原则

意外伤害事故一个重要特点就是突发性。不管幼儿园对该危机事件之前有没有预案,都需要幼儿园在短时间内迅速做出正确决策,当机立断。尤其是幼儿园安全伤害性事件,更需要幼儿园迅速做出决策。时间就是生命,丝毫耽误不起。只有抓住了时间,才能有效避免危机的进一步恶化和扩大,力争将已经发生的危机所带来的危害降到最低。如班级幼儿在园内一旦发生幼儿摔伤或跌伤事件,应立即上报园长,再由园长上报中心园园长和副园长,情况严重需要及时抢救的要在第一时间拨打120。

园领导接到消息应该第一时间赶到医院,处理组织有关工作,及时通知家长赶往医院,以便告知医生,幼儿的详细情况及用药情况。幼儿园要将事情经过调查清楚、分析原因,做好家长及亲属的安慰工作。

 案例研究

每当幼儿园放学的时候家长们都会去接自家的孩子,可是6月8号晚上在贵州省贵阳市中曹司的一家幼儿园里,竟然发生了家长接错孩子的事!家长去接孩子的时候,把别人的孩子接走去医院打针,却把自己的孩子落在幼儿园了!

从幼儿园内的监控可以看到,8号下午放学时间,一名老人径直走进了教室,几分钟后出来,还转身催促身后的孩子跟着一起走。就这样,今年6岁的小宏宇跟着老人一路从教室走出了校门,消失不见了。可问题是,这名老人并不是孩子的爷爷,他跟孩子甚至都不认识。老人不仅把孩子接走了,还带孩子去打针了。

原来夫妻俩让老人去接孙子,没想到却把别人的孩子接回家了。被接错的两个孩子同一个班,长得有一点相似,名字一个叫小宏宇,一个叫小宏瑞,老人错认了自己的孙子,幼儿园老师也没有再次审核。因为小宏宇叫了一声"爷爷",老人就顺利把他带走了,甚至带着孩子去买了菜、给孩子打了针。这期间,孩子也知道事情不对劲了,可是老人的听力有问题,孩子说什么他都听不清。

谁应该为这次乌龙事件负责呢?

这件事情可以看出该幼儿园存在管理失责,其接送制度也有漏洞,教师缺乏责任心和警惕心,才会闹出乌龙事件。

思考与实践

思考练习

1. 简述幼儿园一日活动各环节中保教人员的工作要求。
2. 简述幼儿园一日活动各环节中的常见问题及解决对策。
3. 简述幼儿园一日生活中意外伤害事故的危机管理原则。

实践应用

在实习过程中,跟随幼儿园班级教师全程参与该幼儿园的一日保教生活。从入园、盥洗、如厕、餐点、午睡、离园等环节撰写调研报告,并对该幼儿园的保教工作提出建议,实习小组组长组织大家一起讨论。

第四章 幼儿园班级教育活动管理

1. 了解幼儿园班级教育活动的三种类型及不同年龄段活动特点；
2. 理解不同年龄段班级的户外活动、区域活动、集体教育活动的目标及特点；
3. 掌握不同年龄段班级的户外活动、区域活动、集体教育活动的指导方法与策略；
4. 能够根据不同年龄段不同类型活动的指导设计相应的活动；
5. 具备组织和管理不同年龄班级教育活动的能力。

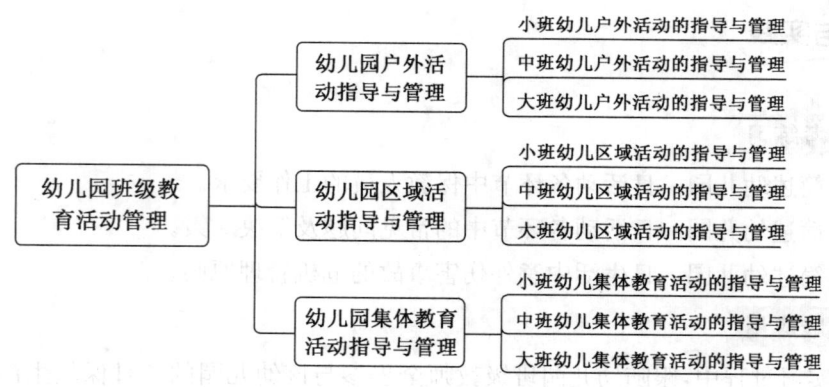

第四章 幼儿园班级教育活动管理

刘园长在巡查幼儿园活动时,看到小(1)班刚入职的丽丽老师站在教室门口准备组织孩子们去户外活动。尽管她不停地用温柔的声音说:"站队了!小朋友们站队了。"可是,有几个孩子好像没有听见似的,还是在玩自己的,没有理会老师的招呼。过了三四分钟,丽丽老师不耐烦了,就去活动区里"抓"那几个孩子,等将"调皮鬼"们带到门口,原先站好队的孩子早跑开了。丽丽老师生气地说:"今天不准你们出去玩了!都回到座位上反省吧。"

这是园长巡班时经常遇到的尴尬一幕。对刚入职的幼儿教师来说,能根据教育目标将活动有序地组织起来是一个很大的挑战。在有准备的教育环境中,教师只有精心组织一日活动,幼儿各方面的能力才能不断增长。幼儿教师组织幼儿活动的过程中是需要策略的,有的教师使用"外控"手段,有的教师使用"内引"的方法,有的以"惩戒"为主,有的只给予必要的"限制"。到底什么是合适的幼儿管理方法?本章将回答这个问题。

第一节 幼儿园户外活动指导与管理

多种多样的户外活动是实现全面发展目标的重要途径。《3—6岁儿童学习与发展指南》中指出:"保证幼儿的户外活动时间,提高幼儿适应季节变化的能力。幼儿每天的户外活动时间一般不少于两小时,其中体育活动时间不少于1小时,季节交替时要坚持。气温过热或过冷的季节或地区应因地制宜,选择温度适当的时间段开展户外活动,也可根据气温的变化和幼儿的个体差异,适当减少活动的时间。"

一、小班幼儿户外活动的指导与管理

(一)小班幼儿户外活动的特点

3—4岁的幼儿生长发育快,身高每年可增长8—10 cm,体重也会增加2—3 kg,动作发展也非常迅速,已掌握行走、跑、闪避、扔、停、拐弯、减速等动作,而且可以短暂地单足站立,会骑三轮车、投球、解纽扣、自己倒水,并能用积木搭桥或叠起9—10块方形积木;还能自己吃饭,较平稳地使用调羹。他们在户外活动时有自己的特点:

(1) 非常喜欢户外活动,喜欢大型玩具。

(2) 喜欢跟老师一起玩集体游戏。

(3) 喜欢情境性的集体游戏。

(二) 小班幼儿户外活动的目标

户外活动是实现健康领域目标的重要途径,通过多种多样的户外活动,幼儿应达到如下目标:

(1) 具有健康的体态。具体目标:依据《世界卫生组织儿童生长发育标准(2006年版)》,小班幼儿的正常身高、体重参考数据:男孩身高 94.9—111.7 cm,体重 12.7—21.2 kg;女孩身高 94.1—111.3 cm,体重 12.3—21.5 kg。他们能在提醒下自然坐直、站直。

(2) 具有一定的平衡、动作协调能力。具体目标:能沿地面直线或在较窄的低矮物体上走一段距离;能双脚灵活交替地上下楼梯;能身体平稳地双脚连续向前跳;分散跑时能躲避他人的碰撞;能双手向上抛球。

(3) 具有一定的力量和耐力。具体目标:能双手抓杠悬空吊起 10 s 左右;能单手将沙包向前投掷 2 m 左右;能单脚连续向前跳 2 m 左右;能快跑 15 m 左右;能行走 1 km 左右(途中可适当停歇)。

(4) 能在较冷、较热的户外环境中活动。

(三) 教师指导小班幼儿户外活动的方法与策略

1. 户外活动前的准备

(1) 户外活动场地的布置

户外活动时配班的教师或者保育员需要提前检查场地,布置好相关的器械,检查大型玩具是否安全、有无危险。若发现有安全隐患,则要调整户外活动的内容。

(2) 幼儿活动前的准备

第一,组织幼儿小便,务必让每个幼儿真的排空(即使个别幼儿暂时无"尿意"也要带幼儿去,以保证户外活动时教师能够照顾到所有幼儿的安全)。

第二,让幼儿喝水。户外活动时,幼儿的运动重增大,排汗增多,喝水可保证幼儿足够的饮水量。夏季,有的幼儿进行户外活动时还需再补充水。

第三,检查幼儿户外活动时的"装备"。如衣服、鞋子等是否便于幼儿活动,冬季户外活动时切忌衣服过多,夏季户外活动时不宜穿硬底鞋、带可随时擦汗的小毛巾。

第四,至少有两位教师组织户外活动,应对突发事件时,既能保护幼儿的安全,还能处理好紧急情况。

2. 户外活动过程中的组织与指导

（1）户外集体活动的组织与指导

户外集体活动的主要任务是学习与练习走、跑、跳、投掷、平衡等基本动作。户外集体活动有以下两大类：

第一类是园内集体游戏。对于小班幼儿来说，他们更喜欢有故事情节的集体体育游戏，如"小孩小孩真爱玩""老狼老狼几点了"等。在组织这类游戏时，教师要注意：第一，要有足够宽敞、无障碍的场地。第二，多安排几处幼儿可以藏匿的"安全岛"，以避免踩踏、碰撞事故的发生。第三，按由静到动、逐步提高活动强度的原则组织活动，避免幼儿因过度兴奋、不听教师的指挥而造成摔伤、磕碰等意外。第四，要随时表扬守秩序的幼儿，强化幼儿正确的户外活动规则。

第二类是集体远足、到田间采摘、春游及秋游活动。这类活动需要特别的准备方案，须报批上级教育主管部门同意后才能实施，并且最好有家长陪同。

走出活动室、走出幼儿园，面对广阔的大自然，幼儿有一种无拘无束的感觉，很容易激动，但放松的同时也很容易产生不安全的因素。活动前，教师必须对幼儿进行专门的安全教育，提前教给幼儿具体的方法，如走路时怎样才能不掉队、怎样才不会撞上别人和车辆、怎样过马路、怎样上下公共汽车等。即使幼儿的自我保护能力有很大的提高，尽管有家长陪同，在外出活动时也要多配备一些人手，保证队伍的前后和中间都有教师照应。在选择远足路线时，避免频繁地穿越马路，尽量在有红绿灯设置的路口过马路，幼儿过马路时要有教师站在十字路口阻挡横穿的车辆等，杜绝安全隐患。

（2）户外自由活动的组织与指导

户外自由活动以愉悦身心、促进身体机能协调发展为主要目的。户外自由活动包括以下两类：

第一类是以动作发展为目标的体育活动，如玩滑滑梯、走荡桥、荡秋千、压翘板等，也可玩纸球、沙包、毽子、拉力器、滑板车等，此类活动主要依赖于大中型活动设施。首先，要求教师检查所提供器材的安全性，确保幼儿安全。其次，要求幼儿遵守秩序，排队、等待是必需的。最后，加强看护，在玩大型玩具时，幼儿因兴奋过度或者动作控制不好而发生意外非常普遍，特别需要教师根据具体情况密切观察，把控好活动的密度。

第二类是以"三浴"（空气、阳光、水）锻炼为主的综合活动。如玩沙、玩水、玩泥巴、找蚯蚓、捡树叶、过家家等。此类活动以手部的操作为主，在组织活动前教师要预设各环节可能发生的意外事故，并做好各环节应对措施。比如，要提前喷水避免沙尘飞起来眯眼，准备足够的玩沙、玩水工具，避免幼儿争抢，活动过程中提供必要的指导等。

3. 户外活动结束时的组织与指导

(1) 时间控制,小班的户外活动最好控制在 40—50 分钟。

(2) 清点人数,确保每个幼儿安全返回教室。

(3) 教师要帮助幼儿整理衣服,清空鞋袜里的细沙等。

(4) 幼儿结束活动后小便、洗手、喝水、休息。

(5) 保育员(或者配班教师)整理场地并带回本班户外活动器械。

另外,小班幼儿动作发展与运动能力个体差异明显,与个性发展和家庭教养环境有密切的关系。活泼外向的幼儿比较好动,会不停地选择一些大运动量的活动,教师要每隔一段时间提醒幼儿休息,或指导其玩一些安静或运动量小的游戏;胆小内敛、主动性差的幼儿尽管对新的体育器械比较好奇,但当幼儿犹豫不决时,教师要先从情感上让幼儿体验到接纳与安全,用主动示范的方法或者拉着他的手一起玩一玩,或者用减小高度、降低难度的方式,让幼儿体验到第一次活动就成功的乐趣。

总之,小班户外活动的形式要生动活泼,活动内容要生动有趣。在此基础上,教师进一步挖掘活动器材的多功能性,增强幼儿在户外活动中的主动性,以达到发展幼儿基本动作、增强幼儿体质、促进幼儿全面发展的目的。

二、中班幼儿户外活动的指导与管理

对于中班幼儿来说,户外活动能让幼儿接触新鲜的空气和明媚的日光,不仅可以锻炼幼儿的身体、增强幼儿的体质,还可以在活动中培养幼儿勇敢、不怕困难、团结合作等品质。

(一) 中班幼儿户外活动的特点

比起小班幼儿,中班幼儿的基本动作更为灵活,不仅可以自如地跑、跳、攀登,而且可以单足站立,会抛接球,能骑小车、喜欢自由地奔跑等。他们愿意尝试同一材料的多种玩法,按教师的要求"亦步亦趋"的活动已不能满足他们喜欢冒险的心了。

(二) 中班幼儿户外活动的目标

(1) 身高体重达到基本标准。具体目标:身高和体重适宜,男孩:身高 100.7—119.2 cm,体重 14.1—24.2 kg;女孩:身高 99.9—118.9 cm,体重 13.7—24.9 kg。

(2) 有良好的平衡能力,动作协调具有一定的敏捷性。具体目标:能在较窄的低矮物体上平稳地走一段距离;能以匍匐、膝盖悬空等多种方式钻爬;能助跑跨跳过一定距离,或助跑跨跳过一定高度的物体;能与他人玩追逐、躲闪跑的游戏;能连续自抛、自接球。

(3) 力量和耐力要有所提升。具体目标:能双手抓杠悬空吊起 15 s 左右;能单手将沙包向前投掷 4 m 左右,能单脚连续向前跳 5 m 左右;能快跑 20 m 左右;能连续行

走 1.5 km 左右(途中可适当停歇);在他人提醒下能保持正确的站姿、坐姿和走姿。

(4) 能在较热和较冷的户外环境中连续活动半小时以上。

(5) 运动时能主动躲闪避让,知道简单的求助方式。

(三) 教师指导中班户外活动的方法与策略

中班幼儿的活动水平明显提高,他们需要更为丰富的活动空间;动作能力明显增强,需要扩展活动范围。教师要尽量提供能满足其身体协调发展、运动能力综合提高的活动内容和户外运动器械。如果说小班的集体体育游戏强调遵守秩序、按指令行动的话,可以在中班体育游戏的内容中增加合作性、挑战性的内容要求。中班幼儿与小班幼儿一样,户外活动之前要做好安全及装备检查,还可以让幼儿参与户外活动场地器械的摆放和收纳、整理工作。

1. 户外集体活动的组织与指导

(1) 锻炼的强度要适宜

所谓强度,就是单位时间的生理负荷量,常用心率来表示。如幼儿做激烈的追逐游戏"猫捉老鼠""骑马杀敌"时,心率每分钟可达 180 次;而做"老狼老狼几点钟""贴烧饼"等体育游戏时,心率一般在每分钟 130—140 次。比较而言,前者强度大,后者强度小。

(2) 动作练习的数量要足够

数量是指动作练习的时间、距离、次数的数量指标。数量一般与运动负荷成正比,如在幼儿的跳跃练习中,由高处跳下的动作练习"小运动员跳水"与连续蛙跳的动作练习"小青蛙捉虫"相比,后者动作的数和量要比前者多且大,蛙跳动作比由高跳下的动作运动负荷大。

(3) 运动密度要适中

运动密度是指运动时间与活动时间的比值。幼儿的身体锻炼与动作练习的生理负荷的域值,如果按照小班 15—20 分钟、中班 20—25 分钟、大班 30—35 分钟,幼儿运动时平均心律 130—160 次/分钟来计算,那么 3—6 岁幼儿合理的运动密度应该为 35%—65%,中班幼儿的运动密度以 45%—55% 为宜。

2. 自由自选的户外活动的组织与指导

(1) 鼓励幼儿独立玩,增强自信心

中班幼儿可独立玩荡桥、秋千、爬绳等活动,通过适应轻微的摆动、颠簸、旋转,促进其平衡机能的发展,锻炼其适应坐车、坐船等生活环境变化的能力,强化幼儿的自我价值感,增强其自信心。

(2) 鼓励幼儿合作玩,探究多种玩法

教师可以给幼儿提供沙袋、呼啦圈、软云梯、轮胎、梯子、垫子等活动器械,鼓励幼儿探究这些器械的多种玩法,发展其想象力、创造力和合作能力。

（3）强化幼儿自我保护意识

教师在分散活动之前要对幼儿提出问题："今天活动时要注意什么？"让幼儿将安全要求说出来。活动结束后要进行小结："今天的要求我们做到了没有？有没有人受伤？"

三、大班幼儿户外活动的指导与管理

（一）大班幼儿户外活动的特点

随着年龄的增长，大班幼儿动作的协调性和稳定性更好了，基本掌握了走、跑、跳、钻、爬、攀登等日常运动技能。大班幼儿身体比较结实，活动量大，户外活动常规已经初步形成，他们能独自活动，更能在教师的指挥下布置、整理户外器械。大班幼儿手指的灵活性也在增强，能做复杂的手工，会使用筷子等。但是，大班幼儿精细动作的准确性不够，执行单一活动的耐力不足，自我保护能力较差。

（二）大班幼儿户外活动的目标

大班幼儿在身体发展和动作发展上要达到以下目标：

（1）健康的体态。具体目标：身高和体重适宜，男孩：身高106.1—125.8 cm、体重15.9—27.1 kg；女孩：身高104.9—125.4 cm、体重15.3—27.8 kg；经常保持正确的站姿、坐姿和走姿。

（2）具备平衡能力，动作协调、灵敏。具体目标：能在斜坡、荡桥和有一定间隔的物体上较平稳地行走；能以手脚并用的方式安全地爬、攀、登架及网等；能连续跳绳；能躲避他人投来的球或扔来的沙包；能连续拍球。

（3）具备更强的力量和耐力。具体目标：能双手抓杠悬空吊起20 s左右；能单手将沙包向前投掷5 m左右；能单脚连续向前跳8 m左右；能快跑25 m左右；能连续行走1.5 km以上（途中可适当停歇）。

（4）运动时能注意安全，不给他人造成危险。

（三）教师指导大班幼儿户外活动的方法与策略

1. 在满足兴趣的前提下，适当关注幼儿运动性技能的发展

除了继续通过多种活动锻炼幼儿身体外，大班教师还可以利用平衡木、荡桥、地面云梯等多种器械组合发展幼儿的身体平衡能力；利用跳房子、踢毽子、蒙眼走路、踩小高跷等民间游戏活动锻炼幼儿的协调能力。需要注意的是，大班幼儿对已掌握的运动技能缺乏继续练习的兴趣，动作质量并不高，比如拍球、跳绳。对于拍球、跳绳等技能性活动，教师可以游戏的方式提高要求，不要过于追求数量和机械训练。以拍球为例，教师可指导幼儿练习左右手拍、转圈拍、跨下拍、二人合作拍、多人合作拍、按音

第四章 幼儿园班级教育活动管理

乐节奏拍等,促进幼儿运动性技能的发展。

2. 在遵守规则的前提下,适当增强体育游戏的竞赛性

大班幼儿喜欢有竞赛性的游戏,但为了自己或者小组能赢,他们常常破坏规则或者动作不到位,这不仅有违"公平",也不利于幼儿社会性的发展。教师在组织小组竞赛以提高参与活动的兴趣时,应发扬以"遵守规则"为条件的"赢"。

3. 在满足自主性的前提下,鼓励同伴协商解决问题

大班幼儿在户外活动中,更倾向于自由结伴玩儿,这是幼儿合作能力发展的重要表现。但是,这样也会产生各种问题或困难,教师应将问题抛给幼儿,以提高幼儿解决问题的能力。

 案例研究

某班有17名男生自愿要组成班级小足球队。老师和他们一起来到了操场草坪上,刚聚在一起,他们就迫不及待地讨论了:

轩轩:我们要分成两队才能比赛。

教师:好啊!我们该怎样分?

(幼儿迅速站成两队,但一队有7人,另一队有10人)

明明:不行不行,他们队多,我们队少,这样不公平。

(其他孩子迅速数了起来)

子涵:是呀,他们队多3个人。

老师:怎样让两队的人数相等呢?

一一:让他们队过来2个人。

茂茂:不对,过来一个人。

东东:老师,到底要过来几个?

鑫信:试一试不就知道了吗?(幼儿自己指挥起来,先让一个幼儿过去,然后大家数数发现还不一样多)

明明:不行,得过去2个人。

(他们又让一个伙伴过去,大家又数了数,这次他们发现原来多一人的队现在却少一人,大家不知怎么办了。这时,老师将多出的那一人请到前面来,幼儿发现两队的人数一样多了)

教师:多出一位小朋友怎么办?

轩轩:让他当裁判吧。(于是,足球比赛开始了……)

在这段情境中,教师没有利用自己的权威给幼儿分组,而是将分组的任务交给幼儿,巧妙地利用了人数不等这个真实的问题情境,让幼儿自己发现问题、提出解决问

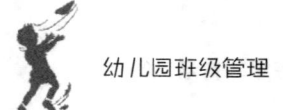

题的方法并几次试误。教师则用"怎样让两边人数相等"才"公平"这个问题引导幼儿讨论,最终幼儿自己解决了问题。

第二节 幼儿园区域活动指导与管理

区域活动是指教师根据教育的目标和幼儿发展的水平,有目的地创设活动环境并投放活动材料,让幼儿按照自己的意愿和能力,在特定的环境中以操作摆弄为主的方式进行个别化的自主学习的活动。区域活动中既有按幼儿意愿进行的创造性游戏(如娃娃家等角色游戏,搭建区、桌面插塑等建构游戏和表演游戏),也有根据教师已提供的材料自主选择的阅读区、美工区、科学区等活动。

一、小班幼儿区域活动的指导与管理

(一)小班幼儿区域活动的特点

(1)小班区域活动的内容离不开以家庭为中心的生活经验。幼儿比较喜欢选择自己熟悉的材料,角色游戏中喜欢娃娃家,很少与同伴产生与角色关系相应的互动。

(2)小班幼儿在玩游戏时喜欢模仿,看见别人玩什么而自己没有就会去抢,没有共享、轮流意识。

(3)小班幼儿喜欢能操作的成品玩具,比如小汽车等;喜欢边操作边想象的塑料玩具;对区域中非成品的材料兴趣不高,在美工区需要教师手把手指导才能完成一件作品。

(二)小班幼儿区域活动的目标

(1)喜欢游戏,愿意模仿生活中的角色,能在体验与玩耍中获得愉悦的情感体验。

(2)愿意在教师的指导下尝试操作新材料,对自己的"作品"感到满意。

(3)愿意与同伴一起玩共同的材料,不争抢别人手中的玩具或者材料。

(4)遇到自己喜欢但别人正在玩的玩具,会和同伴商量。

(三)教师指导小班幼儿区域活动的方法与策略

1. 小班幼儿游戏活动的组织与指导

(1)交代游戏限制

虽然小班幼儿的平行游戏居多,但同伴之间没有交往是不太现实的,他们产生"交集"的主要诱因是对游戏材料的占有。有些幼儿看见别人有的玩具自己没有,找

不到就抢,抢不过就打人、咬人。因此,教师首先要教幼儿如何正确获取游戏材料而不影响他人,这是为幼儿设定的限制。其次,教师在组织幼儿玩玩具时,必须让幼儿学会整理,不会整理玩具的就暂时不能玩,这也是限制;同时强调"谁先拿到某一玩具谁就先玩,你可以玩别的。""不能抢人家手里的玩具,这样别人就会不高兴。""只能玩自己会整理的玩具。"

(2) 给幼儿提供仿真的玩具材料,唤起幼儿模仿的愿望

小班幼儿游戏的特点是爱模仿,如看见铲子就想起要做饭,看见仿真的水果就想起要招待客人,抱着娃娃就想给她喂饭;而且,他们看见别人做,自己也要做。因此,教师要给小班幼儿提供种类少、数量多的娃娃家材料、建构区材料、表演区材料。

(3) 教师适时介入游戏,引导幼儿拓展游戏情节

作为旁观者介入:教师在一旁观察幼儿游戏,并用语言和非语言(如点头、微笑)来表示对幼儿的关注,让幼儿感受到教师对他的支持和赞同。

作为管理者介入:教师不参与游戏,但会随时为正在进行的游戏做准备。如回应幼儿关于材料的要求,协助幼儿布置环境,提出恰当的建议以延伸游戏内容等。

作为共同游戏者介入:教师作为平等的游戏伙伴积极参与游戏,通常扮演一个角色并通过角色的口吻进行暗示,间接地对游戏产生影响。但切忌包办,让幼儿的游戏跟着教师的想法推进,这就不是幼儿的游戏了。

作为游戏带头人介入:当幼儿不会独立开展游戏或者正在进行的游戏难以进行下去时,教师可积极参与到游戏当中,通过提议新的游戏情节、新的道具等方式扩展游戏内容。

(4) 游戏结束时,鼓励、肯定幼儿在游戏中积极的行为表现

小班幼儿的游戏以自然结束为好,教师对游戏的评价可伴随游戏的过程自然进行。同时,教师可用角色的口吻,比如"孩子们,我们的理发店要下班了,大家快收拾工具准备回家吧",以引导幼儿收拾游戏材料,养成良好的习惯。

2. 小班幼儿区域活动的组织与指导

教师对区域活动的指导主要体现在活动内容的设计、区域的设置和环境材料的调整上。区域活动应该有预设的计划,但计划是弹性的、多样的。小班幼儿注意力集中时间短,兴趣转变快,游戏与区域活动相对自由,无须过多地限制。教师对小班幼儿的指导主要体现在提供足够的操作材料,欣赏幼儿的表现,引导幼儿整理区域材料。

(1) 教师应提供多样性与多层次的活动材料

材料的投放要根据幼儿的兴趣、需求和不同的发展水平,体现多样性与层次性,满足幼儿对操作、可变材料的需求,吸引他们主动探索。即便是与中、大班相同的材料,在小班也要降低难度。比如"玩串珠",小班幼儿可学习用细绳按两种颜色或形状穿成大孔的项链,中大班可学习按规律穿珠。

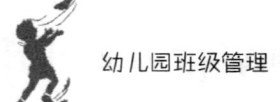

（2）活动过程中，教师可用"我—信息"的正面引导方式

小班幼儿很愿意和教师一起玩，并对教师的具体指导有一定的理解力，愿意按照教师的要求做。教师可用"我—信息"的方式进行引导。

"我—信息"包括三方面可以任意排序的内容：发生了什么、我的感受、原因。如，"我看到娃娃被丢在地上了（发生了什么），我很难过（感受）。你愿意将它送回小床吗？"又如，"我很害怕（你的感受），当我看到你爬上桌子的时候（发生了什么），因为桌子不够牢，可能会让你受伤（原因）。""当你们在教室里跑来跑去的时候（发生了什么），我很担心（感受），你们可能会摔倒或者撞到脑袋（原因）。""我不能继续讲故事了（发生了什么），有这么多噪声（原因），我很难过（感受）。"

 案例研究

3岁的丽丽看完一本书后随手就将书丢在了地上。乐乐走过来，正好踩在书上，看也没看一眼，就走向"娃娃家"了。

李老师看见后，将丽丽和乐乐叫了过来。

李老师："看到书被丢在地上而且被踩坏了，我很难过。我不愿意看到好好的书就这样弄坏了，我们必须好好地、小心照顾这些书。丽丽，你看完书应该将它放回书架上。乐乐，当你看到地上有书时要把它捡起来。来，我们一起看看它有没有受伤？"

丽丽："它的一个角儿没了。"乐乐："（指着其中一页）书皮快要掉下来了。"李老师："那怎么办呢？"乐乐："我们把它修好吧，老师。"李老师："好的。丽丽，你到美工区找个胶带和剪子来。乐乐，你去找一张和这页一样颜色的纸。"随后，李老师教两个孩子将缺角的那页粘好，还用胶带固定好了封皮。

让幼儿早接触书籍是有好处的，但幼儿可能会出现不珍惜图书的情况。此案例中，教师将"珍视图书"的情感和行为传递给幼儿，并通过示范告诉幼儿保护书的具体方法。比如看完书后，把书小心放回书架；当书不小心被撕破时，和幼儿一起把书修补好。案例中李老师在处理两个幼儿"粗暴地"对待一本书时，没有直接批评，而是采取"我—信息"的处理策略。

（3）欣赏幼儿的表现

小班幼儿在活动时特别需要教师的关注。活动中，幼儿经常说"老师，你看！"作为教师，一定要积极鼓励，说"真棒！""好好做，一会儿我们给全班小朋友看看"这样一些鼓励的话。

（4）引导幼儿整理区域材料

活动结束时，教师要做两件事情：其一是引导幼儿将材料归于原处，摆放整齐；其二是进行活动讲评，并将"作品"展示，或贴到墙饰上，或放在"展台"上，以维持幼儿持

续活动的兴趣。

二、中班幼儿区域活动的指导与管理

（一）中班幼儿区域活动的特点

（1）有选择区域活动的能力，也能遵守区域活动规则

中班幼儿对区域有明显的兴趣偏好，为了能选到心仪的区域，常常给同伴一种"霸占某区"的印象。比如，"建构区"似乎被几个男孩子"承包"了，尽管几个有搭建兴趣的女孩在"望区兴叹"，但这些男孩才不管这些，他们觉得自己遵守了"先到先得"规则，没有违规。

（2）能初步看懂区域指示，按区域活动的要求操作材料

中班幼儿已经开始学看区域操作步骤图，能在规定的活动时间内按步骤完成至少一项简单的任务。

（3）在区域中与同伴一起玩时，会交流、分享

大部分的中班幼儿喜欢扎堆儿"玩"，他们不仅会在区域内边做自己的事情边自由聊天，还会彼此欣赏对方的作品，向同伴提供自己暂时用不上而对方需要的材料。区域活动结束后，投缘的小朋友会相约第二天到某个区域一起玩。若第二天某个小朋友因家里有事而爽约的话，会彼此感觉遗憾、不开心——纯真的友谊开始萌芽。

（4）能按照要求整理区域材料

中班幼儿对整理区域材料已经得心应手，无须教师特别监督。但他们有时不够认真，材料摆放得不到位。

（二）中班幼儿区域活动的目标

（1）能在各种材料的吸引下积极参加活动，在活动中感到快乐，知道各种材料的特征和作用，并能较充分、合理地运用各种材料。

（2）学会与同伴友好相处，既敢于表达自己的意见和要求，又能和同伴共同协商解决活动中出现的问题。

（3）在活动中，能按照活动区的要求完成相应的任务后再去选择其他区域的活动，有一定的坚持性和自控能力。

（4）离开某一区域时，能有秩序地收拾、摆放玩具及活动材料。

（三）教师指导中班幼儿区域活动的方法与策略

与小班活动区的直接指导相比，教师对中班幼儿活动区的指导以间接指导为主，即以提供条件、指出方向、关键时刻提供援助等方式介入幼儿的活动，扮演好观察者与指导者的角色。

1. 活动前提醒幼儿应注意的事项，提高活动的计划性

有些中班幼儿对想玩什么、怎么玩有自己的主见，但也有的幼儿不仅缺乏计划性，也缺乏坚持性，需要教师提前予以提醒。所以，活动开始前的讨论，对幼儿增强活动的计划性和目的性、丰富幼儿的活动内容是有启发作用的。但这个启发过程要因时而异，当幼儿对活动区的内容和规则比较熟悉的时候，这个环节可以灵活处理。

2. 用心观察幼儿在活动中的表现

活动区是幼儿个性发展的重要媒介，也是教师了解幼儿个体发展水平的重要窗口。教师可用手机、照相机记录幼儿游戏过程中的精彩瞬间，以便活动后展开讨论；也可以将幼儿在游戏中的兴趣、社会性发展水平、遇到的问题及解决方式用关键词或者符号记录在表格中，便于日后分类整理，为以后的课程开发与个别指导提供依据。

3. 多用语言启发，指导游戏深入开展

当幼儿遇到困难玩不下去的时候，教师可以游戏带头人的方式介入。如丁丁因"娃娃家"游戏人数已经满了不能进入而苦恼，但又不想去其他游戏区玩的时候，教师可引导他："你想一想怎样才能进去？"当他想出"当一名客人"的时候，丁丁终于以"舅舅"的身份进入"娃娃家"游戏中了。又如，当教师看到"娃娃家"的幼儿无所事事时，马上以"客人"的身份进入"娃娃家"，告诉他们今天有一场非常精彩的表演。于是孩子们就忙着抱娃娃去车站坐车到剧院看表演了，看完表演又到超市里买食品与零食，参观建筑角的建筑等，游戏的内容也丰富了起来。教师的建议不仅让幼儿走出了家门，还加强了与其他游戏区域的联系。

4. 提供有层次的材料，减少"替代"行为

只要是提供适合幼儿能力水平的操作活动，幼儿的动作技能、想象力和解决问题能力都会有所发展。但受个体因素的影响，幼儿操作后呈现出的结果却有水平上的明显差异。个别年轻教师比较好"面子"，希望幼儿展示出的"作品"比较好看，因此会让能力强的幼儿承担更多"表征"的任务，也会用"越俎代庖"的方式帮助能力弱的幼儿完成作品。如果教师长期以这种方式组织游戏，结果只能是"强者更强，弱者更弱"，能力弱的孩子体验不到靠自己努力而成功的喜悦。因此，恰当的指导方式是提供有层次的、不同难度的材料，让幼儿体验成功，逐步增强自信心。

5. 通过活动后的分享、交流提升共同经验

活动后的分享对幼儿下一步的区域活动选择有重要的引导作用。教师可请幼儿带着自己的作品与同伴分享，也可以将活动过程中拍的视频和照片与幼儿讨论：哪些是以前遇到的问题，这次是用什么方法解决的？哪些是新发现的情况？以后怎样处理？如果教师能将每次新发现的问题甚至是小纠纷都视为幼儿成长的课程资源的话，那么活动后的分析、分享便成为幼儿成长的台阶，这个过程弥足珍贵、无可替代。

三、大班幼儿区域活动的指导与管理

（一）大班幼儿区域活动的特点

随着年龄的增长，幼儿区域活动的目的性、计划性和表现力都在提高。但是，大班幼儿还不能完成从目的性角色行为到嬉戏性角色行为，再到更高水平的目的性角色行为的转换。

大班幼儿区域活动的特点如下：

（1）能计划自己的游戏和区域活动，活动追求结果。大班幼儿能自己制定活动规则并分配角色，出现纠纷或者意见不一致时会用大家都能接受的方式（比如猜拳）解决。为求公平，他们在玩规则性游戏时会关注各队能力的强弱。

（2）在游戏内容上，大班角色游戏的情节更为复杂，已经能反映社会生活及人们之间的关系。

（3）大班幼儿游戏的时间更长。大班幼儿会一连几天沉浸在喜欢的游戏活动中，如为了能搭好某一"建筑"，大班幼儿会自觉加快进餐、喝水等生活活动的速度，省出时间去玩自己喜欢的游戏。

（4）在活动区内，大班幼儿喜欢有挑战性的活动，喜欢与同伴比较，以展示自己的优点和能力。

（二）大班幼儿区域活动的目标

1. 学习性区域活动重在获得认知方法与能力

具体目标：使幼儿形成一种对未知事物积极探索的态度，在学习和探索中认识周围生活环境和客观事物，发展想象力、创造力、表现力和解决问题的能力。

2. 社会性区域活动重在体验社会关系和社会规则

具体目标：使幼儿形成良好的情感体验，积累社会经验，发展亲社会能力，促进活泼、开朗、自主、自信等良好个性的发展。

3. 运动性区域活动重在发展运动机能的协调性和灵活性

具体目标：激发大班幼儿对挑战性体育活动的兴趣，以促进其身体发育，增强其身体素质，使其身心全面和谐地发展。

（三）教师指导大班区域活动的方法与策略

1. 引导幼儿利用有限的空间，自主开展活动

大班幼儿的想象力丰富，"以物代物"的能力很强。教师要少干预、多观察，不要以自己的"想当然"去推动游戏情节的丰富。

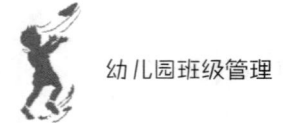

 **案例研究**

大班的洋洋在玩"开奖"的游戏。他画了很多的奖券,还大声叫嚷:"快来抽奖呀!特等奖自行车一辆!"童童在洋洋那里摸到了特等奖,洋洋推给他一把小椅子,告诉他:"给你自行车!"童童高兴地骑了上去。强强也来了,也在洋洋那里摸到了特等奖。洋洋还是推给他一把小椅子,强强也非常高兴地骑上去,两脚模仿着脚踏板的动作,蹬个不停。老师也来了,洋洋高兴地让老师抽奖,结果老师也摸到了一个特等奖。洋洋迫不及待地把一把椅子推给老师,还说:"恭喜恭喜,你抽到了一辆自行车!"可是,老师却说:"你这自行车一点也不像,怎么没有轮子呀?应该给它装上轮子!"洋洋低头看自己的"自行车",愣住了。在接下来的时间里,洋洋忙着按老师说的,给他的"自行车"装上轮子,开奖活动不得不停了下来……

在这个角色游戏中,大班的洋洋自制奖券,且能用小椅子代替自行车来开展他抽"特等奖"的游戏情节。这说明洋洋能够以物代物,思维的抽象性有了一定的发展。一般来说,替代物和被替代物越不像,越符合抽象的意义。尽管洋洋有一定的角色扮演能力,但奖券里全部是"特等奖",奖项显得有些单调。该教师虽然用角色的身份介入游戏,但她的指导失之偏颇:她对洋洋的替代物进行了质疑,认为小椅子不像自行车,让洋洋按自行车的真实样子将小椅子进行改装,结果阻碍了洋洋的游戏想象,中断了原来的游戏情节。因此,这种干预是不恰当的。

2. 在学习性区域中增加挑战性,并保留表征的结果

对大班幼儿而言,学习区域是否有挑战性是其产生持续兴趣的关键。为了满足幼儿的心理需求,许多有经验的教师会考虑在惯常的活动中增加挑战性。比如,在棋类区建立"擂台赛",将本周"棋王"的照片摆在那里,谁赢了他,就可换上自己的照片。对他们而言,在创意区用福禄贝尔教具(恩物)自由拼搭出某个情境已经不成问题。但假如挑战性的任务是用少于10块的积木拼出某个情境,幼儿就得动脑筋想办法。

3. 在社会性区域指导中渗透与培养学习品质有关的内容

大班幼儿对许多角色游戏百玩不厌,但教师还是希望他们能提高学习能力。有经验的教师会建议他们将快餐店改为"自助火锅店",将"小商店"改为"小超市",所有的商品要明码标价(10以内加法和减法算式)。幼儿为了能将"超市"开起来,他们自己会在家里准备相应的材料,让父母带着自己去超市购物,观察价码卡的用法、打包的方法等。这促进了幼儿社会交往能力、与同伴乃至成人合作的能力的提升。

第三节　幼儿园集体教育活动指导与管理

集体教育活动也称为教学活动,是教师按幼儿园课程方案设计并组织全体幼儿参与的一种高结构的集体学习、实践活动。在幼儿的一日生活中,集体教育或活动仅占很少一部分。不同年龄班每日集体教学时间不等:小班为 15 分钟左右,中班为 20 分钟左右,大班为 25 分钟左右。与中小学不同,幼儿园的教学是情境式和游戏化的,以幼儿的直接感知、实际操作和亲身体验为主要形式。教学活动与生活活动、游戏活动、户外活动相辅相成,是幼儿获得新经验的重要途径。

一、小班幼儿集体教育活动指导与管理

《幼儿园教育指导纲要(试行)》指出,幼儿的学习是综合的、整体的。在教育过程中应依据幼儿已有经验和学习的兴趣与特点,灵活、综合地组织和安排各方面的教育内容,使幼儿获得相对完整的经验。

幼儿园的教育活动是教师设计并组织幼儿参与的一种高结构的实践活动。小班每日室内集体教育时间为 15 分钟左右。教育活动与户外活动、区域活动等相辅相成,是幼儿获得新的认知、新经验的重要途径之一。

(一)小班幼儿学习活动的特点

1. 好动,活动兴趣受情绪支配大

3 岁左右幼儿的情绪容易激动,且难以控制。他们的认知活动主要受外界事物和自己的情绪支配,活动内容也都是"情绪化"的。教师夸张的动作和游戏的口吻会激发幼儿的活动兴趣。

2. 依赖动作,活动以直接体验为基础

小班幼儿对世界的认识是感性的、具体的、形象的,而且这种认识常常依靠动作来完成。教师组织幼儿集体教育活动,最好能让幼儿亲自去尝试、去体验,用动作来理解词语。

3. 喜欢模仿,以无意注意为主

小班幼儿喜欢模仿教师、父母和动画片里的角色。模仿既可以成为他们的学习动机,也可以成为他们学习他人经验的方法。小班幼儿的注意力保持时间很短,而且是以无意注意为主的。教师设计的活动一定要丰富有趣,要游戏化,要用多种教学手段、教学材料去吸引他们的注意力,用自己的儿童化教态、抑扬顿挫的语言去吸引他们。

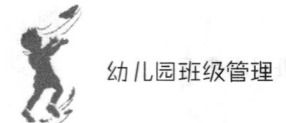

（二）小班幼儿学习活动的目标

幼儿的学习是综合的、整体的，幼儿园教育内容的划分是相对的。小班社会领域的学习目标主要是在生活和游戏活动中实现的，语言、科学、艺术等有时需要教师组织集体教育活动，以实现下述目标。

1. 具备初步的语言理解能力

具体目标：能听懂短小的儿歌或故事；会看画面，能根据画面说出图中有什么、发生了什么事等；能理解图书上的文字和画面是对应的，是用来表达画面意义的。

2. 能对事物具有好奇心和基本的探究能力

具体目标：喜欢接触大自然，对周围的很多事物和现象感兴趣；对感兴趣的事物能仔细观察，发现其明显特征；认识生活中的动植物，形成软硬、光滑与粗糙等概念。

3. 初步形成数的概念，感知形状与空间

具体目标：能感知和区分物体的大小、多少、高矮、长短等量的方面的特点，并能用相应的词表示；能手口一致地点数 5 个以内的物体，并能说出总数；能感知物体基本的空间位置与方位，理解上下、前后、里外等方位词。

4. 有艺术欣赏与审美意识

具体目标：喜欢听音乐或观看舞蹈、戏剧等表演；乐于观看绘画、泥塑或其他艺术形式的作品；能模仿学唱短小歌曲，能跟随熟悉的音乐做身体动作。

（三）教师指导小班幼儿集体教育活动的方法与策略

（1）活动内容要有趣，吸引幼儿的无意注意。
（2）活动过程要动静交替，引导幼儿用身体动作进行学习。
（3）每次学习活动只有一个新经验，让幼儿在短时间内有成就感。

案例研究

做面具

彤彤：我们要做面具。

王老师：好！我先把面具的头画下来，把眼睛剪出来，你们来剪面具的外形，好吗？注意，要沿着粗粗的线剪，剪断了就不能戴了。

（为了能戴上面具，每个幼儿都在认真、仔细地剪面具）

王老师：剪好面具的小朋友注意，你喜欢小兔子，就去找两个长耳朵粘在面具上；你喜欢小鸡，就去找一个红鸡冠粘在面具上；你喜欢小猪，就去找个翘嘴巴粘上……

不到10分钟,大多数幼儿都剪完了面具并粘上一个明显的动物标志。

本次活动让幼儿剪一个"面具",目的是让幼儿学习"沿曲线剪"的新技能。王老师考虑到的幼儿精细动作还不强,独立"画出形状"是有困难的,所以,活动先由老师提供半成品材料,让幼儿沿曲线剪完面具的轮廓后,再选择喜欢的动物图案作装饰。这样,既降低了学习难度,让幼儿获得了成功的喜悦,且做成了面具,也能为新活动——扮演小动物提供了物质准备。这是一个以幼儿为中心的教学活动,教师在此活动中既是引导者、支持者,又是合作者。

二、中班幼儿集体教育活动指导与管理

(一)中班幼儿学习活动的特点

1. 以无意注意为主

中班幼儿以无意注意占优势,他们喜欢新玩具、新衣服、新图书,因为这些新东西本身引起了他们的注意。中班幼儿的有意注意在逐步发展,呈现出无意注意向有意注意转化的趋势。

2. 能比较清楚地表达自己的需求,对事情也有自己的看法和观点

中班幼儿的心理有了进一步发展,这使得他们能更好地应对周围环境,较准确地预测他人和自己的认知与情感状态,并协调相互间的关系。多数幼儿能清楚地表达自己的要求,有的幼儿还能叙述在幼儿园发生的事情并表达自己的看法,这为其集体学习提供了心理基础。

3. 中班幼儿求知欲特别旺盛,爱问"为什么"

与小班幼儿相比,中班幼儿好奇心十足,从喜欢问"这是什么"发展到问"这是为什么",理智感迅速发展。他们会东看看、西瞧瞧、戳一戳、抠一抠,手不停,嘴也不停,常常爱探究原因。比如,他们会因为想知道"不倒翁"为什么能不倒,而将这个玩具"大卸八块"。

(二)中班幼儿学习活动的目标

《3—6岁儿童学习与发展指南》提出,各领域目标是需要一日活动中各活动相互渗透得以实现的。中班集体教育活动是实现这些目标的途径之一,在幼儿获得新知识、新技能方面发挥着独特的作用。

1. 阅读理解能力提升,能复述故事

具体目标:反复看自己喜欢的图书,喜欢把听过的故事或看过的图书讲给别人听;能大体讲出所听故事的主要内容;能根据连续画面提供的信息,大致说出故事的情节;能随着作品的展开产生喜悦、担忧等相应的情绪反应,体会作品所表达的情绪

情感。

2. 会介绍自己，加入同伴活动

具体目标：会用交换玩具等简单技巧加入同伴游戏，会轮流、分享共同喜欢的玩具材料，能注意到他人的心情和父母的职业。

3. 对新事物有思考和动手探究能力

具体目标：喜欢接触新事物，常常动手、动脑探索物体和材料；能对事物或现象进行观察比较，发现其相同与不同；能根据观察结果提出问题，并大胆猜测答案。

4. 建立数量关系，感知形状和空间关系

具体目标：能通过数数比较两组物体的多少；能通过实际操作理解数与数之间的关系；会用数词描述事物的排列顺序和位置；能感知和发现常见几何图形的基本特征，并能进行分类；能使用上下、前后、里外、中间、旁边等方位词描述物体的位置和运动方向。

5. 能欣赏多种类艺术，并且能模仿表演

具体目标：能够专心地观看自己喜欢的文艺演出或欣赏自己喜欢的艺术品，有模仿和参与的愿望；经常唱唱跳跳，愿意参加歌唱、舞蹈、表演等活动；能运用绘画、手工制作等表现自己观察到或想象的事物。

（三）教师指导中班幼儿集体教育活动的方法与策略

1. 激发幼儿学习的兴趣和探究欲望

小班幼儿对学习的兴趣主要取决于外界刺激的新奇性，而中班幼儿学习的兴趣主要来自教师的引导。教师的启发性提问会极大地激发幼儿的好奇心。

2. 给幼儿提供充分的学习条件

解放幼儿的眼睛、耳朵和手脚，解放他们的时间和空间。幼儿的学习离不开直接经验，离不开亲自尝试、操作和摆弄，这是由幼儿思维的具体形象性决定的。所以，若想让幼儿获得经验，就必须创设相应的学习条件，鼓励幼儿大胆探究、自主表达。

3. 教给幼儿学习的方法

中班幼儿对如何学得更快、记得更牢等学习方法很感兴趣。教师可通过亲自示范或同伴榜样的形式让幼儿感受到学习"小窍门"的好处，也要鼓励他们自己摸索学习的好方法。

4. 逐步培养幼儿独立解决问题的意识

中班幼儿在学习上遇到障碍时经常直接向教师求助，缺乏独立解决问题的意识和能力。教师应当在幼儿求助时，不要马上帮其解决，而是要与他们共同思考："为什

么会出错？错在哪里？"并进一步帮助幼儿拓展思维,"怎样才能不出错？"以帮助幼儿理清思路,探究解决问题的方法。在解决问题的过程中,教师要尽量使幼儿处于主动的地位,给予幼儿心理上的援助,帮助他们提高学习能力。

三、大班幼儿集体教育活动指导与管理

（一）大班幼儿学习活动的特点

1. 爱学、好问,有极强的求知欲望

大班幼儿对周围世界有着积极的求知、探索的态度,他们不但爱问"是什么？"还想知道"怎么来的？""怎样做的？"他们还常常会提出这样的问题："为什么月亮会跟着我走？鱼儿为什么能在水里游？""电视机里的人怎么会走路、说话？"有的幼儿喜欢把玩具拆开,探索其中的奥秘。可见,大班幼儿开始对自然现象的起源和机械运动的原理等产生兴趣,渴望得到科学的答案。

2. 初步理解周围世界中比较隐蔽的因果关系

大班幼儿开始从内在隐蔽的原因来理解各种现象的产生。例如,在解释乒乓球从倾斜的积木上滚落时,幼儿说："乒乓球是圆的,积木是斜的,球放上去就会滚。"这说明幼儿已能从客体的形状与客体的位置之间的关系,即"圆"与"斜"的关系中寻找乒乓球滚落的原因。但由于周围现象中的因果关系比较复杂,即使到了五六岁,幼儿对不同现象中因果关系的理解水平也不可能一致,而且对日常生活中不熟悉的、复杂的因果关系还很难理解。

3. 能根据周围事物的属性进行概括和分类

随着抽象思维的初步发展,大班幼儿能够根据事物的本质属性进行初步的概括分类。然而,由于受知识、语言、抽象概括水平的制约,这一阶段的幼儿对类概念的掌握还是比较初级的、简单的,还不能理解概念的科学含义,缺乏进行高一级抽象概括的能力。因此,幼儿在概括归类时难免会出现一些概念外延上的错误。例如,有的幼儿只能把家畜、家禽概括为动物,而把昆虫排斥在动物之外。

4. 阅读兴趣显著提高

大班幼儿不但能较长时间专心地看书,而且开始对文字产生兴趣。当他们在书中或广告招牌中看到自己认识的汉字时会非常兴奋,还常常缠着成人教他们认字,识字的积极性很高,记忆力也很强。他们还常常在自己的绘画作品中歪歪扭扭地写上自己的名字。到了大班下学期,幼儿会聚在一起边看图书边念书中的文字,阅读成了他们最大的乐趣。

5. 创造欲望比较强烈

由于小肌肉运动技能的发展,幼儿的双手开始变得灵巧,操作物体的能力大大提

高,他们越来越喜欢那些能满足想象和创造欲望的各种多变性的玩具。他们不但能长时间专注地探索物体的多种操作,而且还会几个人合作搭建熟悉的标志性建筑物,如"幼儿园""奥运场馆"等。大班幼儿还对创编儿歌感兴趣,他们会为自己的画、自己的手工制品配上儿歌。在体育活动中,他们也别出心裁,常常会想出独特的玩法。

(二)大班幼儿学习活动的目标

1. 能与同伴友好相处

具体目标:能听从别人的意见,也能说出自己坚持的理由;在活动中能出主意、想办法,有问题愿意请教;理解接纳与自己生活方式不同的人,尊重为大家服务的人;爱护公物和环境,能遵守规则、完成简单的任务,知道错了能承认并愿意改正。

2. 能专注阅读,理解图画和文字的意思,并发表自己的见解

具体目标:能专注地阅读图书,喜欢与他人一起谈论图书和故事的有关内容;对图书和生活情境中的文字符号感兴趣,知道文字表示一定的意义;能说出所阅读的幼儿文学作品的主要内容;能根据故事的部分情节或图书画面的线索猜想故事情节的发展,或续编、创编故事;对看过的图书、听过的故事能说出自己的看法。

3. 自主动手动脑探究,探索生活现象

具体目标:能经常动手动脑寻找问题的答案,探索中有所发现时会感到兴奋和满足;能用一定的方法验证自己的猜测,在成人的帮助下能制定简单的调查计划并执行;能探索并发现常见的物理现象产生的条件或影响因素,感知并了解季节变化的周期性,知道变化的顺序;初步了解人们的生活与自然环境的密切关系,知道尊重和珍惜生命,保护环境。

4. 形成数量概念,知道数量关系,了解空间关系

具体目标:初步理解量的相对性;借助实际情景和操作(如合并或拿取)理解"加"和"减"的实际意义;能通过实物操作或其他方法进行10以内的加减运算;能用简单的记录表、统计图等表示简单的数量关系;能用常见的几何形体有创意地拼搭和画出物体的造型;能按语言指示或根据简单示意图正确取放物品。

5. 能进行大胆的艺术表演,具备基本鉴赏、评鉴能力

具体目标:积极参与艺术活动,有自己比较喜欢的活动形式;能用多种工具、材料或不同的表现手法表达自己的感受和想象;能自编自演故事,并为表演选择和搭配简单的服饰、道具或布景;能用自己制作的美术作品布置环境、美化生活。

(三)教师指导大班集体教育活动的方法与策略

1. 减少游戏口吻,强化学习的有意性

在集体教学活动设计上,教师要注意与小学的衔接。幼小衔接的重点不只是作

息时间的调整和小学知识的提前学习,而是学习方式的变化、学习能力的提升。因此,从进入大班开始,以提高大班幼儿学习的有意性为特点的幼小衔接工作就已经开始了。教师要改变讲解方式,语言指示要更加简洁、清楚,幼儿能重复指令,能根据指令进行操作活动。

2. **表扬认真听讲且大胆发言的幼儿,提升幼儿学习品质**

虽然幼儿园也强调培养幼儿的倾听能力,但幼儿园多用新异刺激物吸引幼儿的注意力,幼儿自觉、主动的倾听能力比较弱。到了大班下学期,教师在课堂上要用提示性语言组织课堂教学,如"下面,请小朋友们记住两件事,第一是……",以培养幼儿主动倾听、重复记忆的意识。在学习过程中,教师还要注意用多种方式培养幼儿学习的专注力和坚持性。尤其是在活动区内,只要幼儿选择了某种活动,就要鼓励幼儿认真做完(有一个结果),之后才能换其他的材料。

3. **鼓励支持幼儿自主探究、尝试操作**

演示与讨论是探究活动不可缺少的环节。究竟什么方法好、什么方法不好,教师不要给结论,而是让幼儿自己观察、自己体会,自由表达对各种方法的感受和认识,这种学习就是一种自我探究的过程。这有益于幼儿自主学习能力的提高和发展。

4. **加强同伴之间的规则监督**

大班幼儿具有争强好胜的心理,在乎输赢是自尊心发展的表现。但幼儿有时为了达到赢的结果而不顾规则,忽视过程,这是教师必须要纠正的。教师应让幼儿懂得,违反了规则就是输。教师在组织活动时,可采取同伴相互监督法,促使各组遵守规则,尤其在对抗性体育游戏中。在其他游戏中,幼儿之间不仅应将规则说清楚,而且要让双方相互认同"犯规的处罚方式",由对方监督执行。一般来说,孩子若在幼儿阶段自觉遵守规则,长大后对学校纪律、社会规范的执行能力也会增强。

思考与实践

思考练习

1. 简述幼儿教师组织小班幼儿户外活动时的方法与策略。
2. 简述幼儿教师指导中班幼儿区域活动时的方法与策略。
3. 简述幼儿教师组织大班集体教学活动时的方法与策略。

实践应用

某中班李老师为园区设立了"美美发廊"。有一天,小理发师童童在给一位顾客剪头发后,再也没有顾客光临,她就待在小椅子上东看看、西瞧瞧,眼巴巴地看着隔壁"小饭店"里进进出出的小伙伴。李老师看了一会儿,没有说什么就走了。过了一会儿,童童跑到李老师面前说:"我没有电吹风,顾客都不来了。"李老师说:"没有电吹风,你可以干别的事情。"童童只好又回去坐着了……慢慢地,小顾客们觉得"美美发廊"里只能剪发,做理发师没有什么意思,都不愿去那里玩了。

请问:李老师在幼儿游戏中该承担哪些角色?她该怎样做,孩子们对"美美发廊"的游戏兴趣才会持续?

第五章 幼儿园班级环境创设与管理

1. 了解幼儿园班级环境的概念、分类；
2. 掌握幼儿园班级环境创设与管理的基本原则；
3. 掌握幼儿园室内外环境、精神环境创设的方式；
4. 能够联系幼儿园班级环境创设的实例进行分析与评价；
5. 能够灵活运用相关原则和方法合理进行幼儿园班级环境的创设。

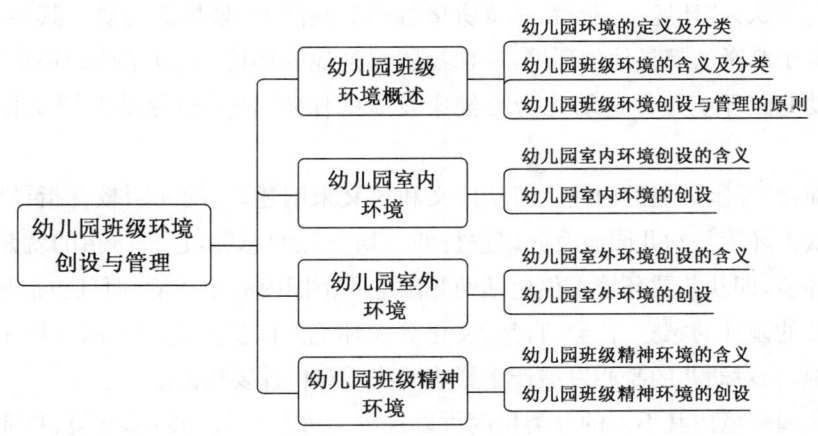

在小、中、大三个班使用的专用游戏室里,摆满了游戏材料和玩具。半开放的分隔区域,把教室分成七八块空间,每一块空间里都有一些大大小小的纸箱、积木、小条形桌子和几只凳子。活动室门边的玩具柜里,一目了然地分放着橡皮泥、珠子、纸片、玻璃瓶、硬纸板、剪刀、水彩笔、橡皮筋、毛线,以及各种构造材料,还有形象玩具、家具、厨房用品、医院用品等。幼儿可以根据游戏的需要自由取用。

大班幼儿游戏结束了,小班幼儿来了。教师亲切地说:"小朋友,你们想玩什么就玩什么,好吗?"只见幼儿一个个走走、看看、摸摸。有的幼儿坐坐凳子,又站起来;有的幼儿拿起纸盒又放下;有的幼儿围着门边的玩具柜,好像不知道干什么好。

分析大班和小班小朋友面对同样的环境,为什么会出现不同的表现?

第一节 幼儿园班级环境概述

一、幼儿园环境的定义及分类

陈鹤琴认为"环境"一般指"儿童所接触的那些静的、呆板的物质。其实,凡是可以给小孩子刺激的都是他的环境,一切物质都是他的环境,人也是他的环境"。创设良好的幼儿园环境是促进幼儿身心健康发展的保障,同时也是幼儿园工作的重要内容。

目前,幼儿园环境的内涵一般从广义和狭义来阐述。《幼儿园教育指导纲要(试行)》中认为环境是幼儿园教育赖以进行的一切条件的总和,这里所指的就是广义的幼儿园环境,即幼儿园环境不仅包括幼儿园空间范围内的小环境,而且包括与幼儿园教育相关的园外的家庭、社会、自然、文化等大环境。而狭义的幼儿园环境主要指在幼儿园中,会对幼儿的身心发展产生影响的物质和精神要素的总和。

幼儿园环境按其不同的分类角度可以被分为外部环境和内部环境、物质环境和精神环境等。幼儿园的外部环境是指存在幼儿园之外的、影响幼儿园教职工与幼儿在园活动的一切条件和因素的总和;幼儿园的内部环境是指幼儿园教职工和幼儿直接参与其中的生活和活动的环境。而幼儿园的物质环境和精神环境分别又有广义和狭义之分。

广义的物质环境是指对幼儿教育产生影响的一切天然环境与人工环境中物的要素的总和;狭义的物质环境是指幼儿园内对幼儿发展有影响作用的各种物质要素的总和。广义的精神环境是对幼儿园教育产生影响的整个社会精神因素的总和;狭义的精神环境是指幼儿园内对幼儿发展产生影响的一切精神要素的总和。

二、幼儿园班级环境的含义及分类

幼儿园班级环境通常是指班级教育赖以进行的一切条件的总和,包括班级物质环境和班级精神环境。其中,班级物质环境主要指班级空间内对幼儿发展有影响作用的各种物质要素的总和,包括班级室内空间布局、空间结构、活动区材料的投放、玩具、墙面布置、幼儿作品展示等;而班级精神环境主要指班级内对幼儿发展产生影响的一切精神要素的总和,包括班级师幼关系、幼幼关系、教师的教育观念和行为等。

三、幼儿园班级环境创设与管理的基本原则

幼儿园班级环境创设是指教师在一定的班级环境目标的指引下,有目的、有计划地通过布置班级物质环境和营造班级精神环境来创设良好的班级环境的过程。幼儿园环境创设的根本目的是为幼儿提供良好的生活和学习环境,为幼儿身心全面和谐发展创造良好条件。为了达到这一目的,创设良好的班级环境必须遵循以下原则:

(一)教育性原则

一个好的班级环境创设应该是一本立体的、多彩的、富有吸引力的无声教科书。班级场所、区域的设置和划分、空间的布局、墙面的装饰、物品的摆放、顶部的吊饰、功能角的设计,无不体现着教育的内容和导向。然而,当前有的教师在创设班级环境时一味追求美观,忽视了环境创设本身应具备的教育目的,让环境创设纯粹成为一种装饰。因此,教师在创设班级环境时要围绕课程设计与实施、紧扣教育活动目标、结合各年龄段幼儿的特点,做出系统规划,创设有利于幼儿发展的班级环境,让班级环境真正能"说话",使其发挥最大的教育功能。

 案例研究

在科学区角活动中,大班老师在墙上制作了数字迷宫棋盘。棋盘是一个大迷宫,孩子们扔骰子,根据筛子上的数字,决定前进步数。每步又设置问题(当月主题活动相关内容)闯关,答对答错给予奖励或惩罚(即前进或后退)。通过闯关,孩子们不仅复习了数字,还可对当下学习内容进行复习整理。这款和孩子们一起自创的迷宫棋在班级风靡了很长时间,那个区角也成了孩子们百玩不厌的地方。小小的区角,竟然也有了大大的教育意义。

(二)适宜性原则

适宜性原则是指幼儿园环境创设要符合幼儿的年龄特点及身心健康发展的需要,促进每个幼儿全面、和谐地发展。不同年龄阶段,幼儿身心发展存在着年龄差异。环境创设必须适应不同年龄幼儿的特点,通过不同层次的环境和不同的材料来达到教育目的。即使是同一年龄段的幼儿,在感觉、兴趣、能力等方面也存在很大差异,幼儿教师要注意到这些差异,适应这种差异。好奇、探究是幼儿的天性,如果环境布置总是一成不变,不仅不能给孩子以新鲜感,久而久之也会使孩子的主动性、积极性随之下降。因此,创设新鲜的、动态的环境是幼儿教育的艺术之一。

 案例研究

在角色区中,为小班幼儿提供的玩具应该是数量较多的主题玩具,如小铲子、小锅、娃娃等。这是因为小班幼儿的角色游戏多是模仿动作,而且幼儿之间的相互模仿性也很强,平行游戏也很多。而大班幼儿的娃娃家游戏需要的多为富有创造性的或能一物多用的材料。大班幼儿接触面广了,知识经验丰富了,在游戏中对社会生活的反映范围扩大了,内容也就丰富了。如果玩具材料的功能比较单一,会限制幼儿的想象和创造。幼儿教师要对幼儿的年龄特征有充分的认识和了解,才能为幼儿提供适宜其发展的环境。

(三)参与性原则

参与性原则是指幼儿园环境创设的过程要成为幼儿与教师共同合作、共同参与的过程。陈鹤琴先生指出:"通过儿童的思想和双手布置的环境,可使他对环境中的事物更加了解,也更加爱护。"幼儿园环境的教育性不仅蕴含在环境之中,而且蕴含在环境创设的过程之中。环境创设,特别是室内环境创设,应充分让孩子参与设计、提供材料与作品、参与布置,然后利用环境促进幼儿的主动活动。虽然孩子参与环境创设比教师本人独立完成费时费力,但就其教育效果来说更能够提高孩子的兴趣和创造性,增强其责任感和成就感,也有助于对幼儿进行爱惜劳动成果的教育。

幼儿参与环境创设过程本身的教育意义主要体现在:

(1)培养幼儿的主体精神,发展幼儿的主体意识。如果从小在包办的环境里生活,幼儿只会变得依赖,觉得自己对环境是无能为力的,从而不能发展积极的主体意识和主动活动的能力。让幼儿参与环境创设这一事情本身,让幼儿意识到"我们是这个环境的小主人"。

(2)培养幼儿的责任感。幼儿参与环境的创设,能切实体验到自己做的事对集体的影响。比如大家一起收拾活动室、擦桌子扫地、整理玩具,把活动室打扫得干干净净,参与这一过程会使幼儿实际地感到自己在集体中的作用。如果没有亲自参与,这个环境与己无关,幼儿就不会真正去关心这个环境,也不会理解什么叫责任。常见到活动室墙上是教师精心绘制的非常精美的儿童画,幼儿刚看到时还感到新鲜,过不了多久就视而不见了。哪怕上面贴的什么东西掉下来了,也无人问津。但假如由幼儿分组轮流负责布置的话,就会完全是另一番景象。

（3）培养幼儿的合作精神。环境的创设要依靠大家的力量,如布置活动室的墙面,大家分工,有的剪、有的画、有的贴,要让墙面布置得漂亮,需要幼儿齐心合力,不光只顾自己做,还必须商量、听别的小朋友的意见,相互帮助。这样,幼儿能够实际感受集体的力量,培养合作意识,提高合作技能。总之,幼儿在参与创设环境的过程中去发展、学习、创造、合作,这是对幼儿最好的教育,其效果绝不亚于教师创设的现成环境。

 案例研究

小班的幼儿缺乏如穿衣服、扣纽扣、系鞋带等生活技能,教师若每天只口头示范,不仅枯燥,也使幼儿缺乏实际操作。于是,教师用无纺布做了各种动物、水果的造型贴在墙上,把纽扣、拉链、鞋带、子母扣等小物件固定上去。当幼儿打开西瓜绿色的"皮",会看见红色的"瓤","瓤"上面有很多子母扣,幼儿可以把同样贴有子母扣的西瓜籽贴上去。

幼儿在游戏的过程中学会了拉拉链、扣纽扣、系鞋带、编辫子等生活技能,同时训练了小手肌肉的灵活性。在自由活动时间,你总能看到有幼儿乐此不疲地在这里玩耍,他们以重复这个动作为乐,特别是刚学会某一个技能的幼儿。

（四）安全性原则

由于幼儿年龄小,生活能力和自我保护能力弱,在创设幼儿园和班级环境时必须把安全放在第一位,为他们提供有益身心健康的安全的环境。幼儿园和班级要为幼儿提供安全的物质条件。学习生活场所要注意采光、通风,还要保持合适的温度和湿度;班级的桌、椅、柜、凳等家具,应选用木制品或塑料制品,不应有毛刺或尖锐的棱角,以免磕碰损伤幼儿;各种玩具和用品,应是健康、无毒无污染的环保产品;学习生活区域的空间和用品应尽量保持清洁,定期通风、除尘和消毒。在教学和游戏活动中,也应增强安全意识和观念,加强安全教育和安全防范,防止拥挤、追打和踩踏。

此外,还应为幼儿提供安全的心理环境,确保幼儿在园内或班上有心理安全感。班级的环境氛围、教师对幼儿的态度、幼儿之间的交往关系、幼儿在班上的地位等,都是构成幼儿安全感的重要因素。良好的环境让幼儿感到自己是受欢迎、受尊重、受信任的,在班上每天的生活都是轻松愉快的,这样的环境才能促进幼儿身心健康发展。

第二节 幼儿园室内环境的创设与管理

一、幼儿园室内环境创设的含义

幼儿园室内空间主要指幼儿生活空间,包括由活动室、卧室、卫生间、衣帽储藏间组成的各活动单元,由音体活动室、美工室、角色游戏室、音体舞蹈室、科学发现室、积木建构室、图书室、兴趣游戏室等组成的幼儿公共活动空间,由门厅、走廊、楼梯等组成的交通空间。

幼儿园室内环境的创设,即教师有目的、有计划地对室内环境进行创设的过程。

二、幼儿园室内环境的设计

（一）教室布置

教室是幼儿学习的主要场所,教室布置主要是合理地划分区域,通过科学的摆放和布局来辅助幼儿进行生活和学习,从而提高幼儿的观察及独立操作能力。布置合理、划分清楚的教室环境使得每个独立的区域不受影响,从而可以使幼儿集中于自己的活动,不被其他活动所干扰。

（二）楼道布置

在幼儿园室内环境布置的范围里面,楼道是一个看似普通却又充满意义的装饰区域。在室内环境布置与设计的过程中,楼道的布置具有重要意义。

楼道作为方向性的指示区域,是一个非常重要的装饰展示环节。它的特性是狭长,具有延伸性,也就可以更好地利用空间和视觉的变化,把整个环境的装饰气氛展现出来。原本狭长单调的走廊,在装饰的衬托下显得格外有生机。这样合理地设计与利用空间,不仅能与教室的装饰整体结合,也为幼儿在自由的单独环境里创造了娱乐和欣赏的空间。通过环境的创设和利用,既能体现其空间的延伸感来与整体装饰进行呼应,又使其具备游戏性、教育性。在走廊高墙上悬挂既美观又能营造幼儿园艺术氛围的吊饰,在每个楼层穿插不同的装饰主题,让幼儿园整体的环境更加美观有趣,也让人觉得耳目一新,同时也激发了幼儿在生活中的欣赏与辨别能力,提高了幼儿的观察学习与想象的能力。

（三）区角布置

所谓区角,是指合理地利用和设计幼儿园活动室或者公共环境中的若干空间,并

提供各种各样的材料,使每个空间角落经过布置、装饰后,都成为幼儿活动和游戏的场地。常见的活动区角及功能有:

1. 生活区

主要功能是通过各种生活模仿性操作与练习,发展孩子编、系、扣、穿、夹等基本生活操作能力。

2. 语言区

主要功能是通过对图书、图片、头饰、手偶等的观察、操作、拼摆等进行相应的讲述活动,以发展幼儿的观察能力和语言表达能力。

3. 美工区

主要功能是通过撕、贴、剪、画、捏、做等美术操作表现活动,发展幼儿的动手操作能力及欣赏美、表现美和创造美的能力。

4. 科学区

主要功能是通过各种科学小游戏及益智活动,从小培养幼儿对科学探索的兴趣,发展幼儿数学能力和动手操作能力。

5. 建构区

主要功能是利用积木、酸奶盒、易拉罐、纸盒、玉米瓤等材料进行建构游戏活动,以培养幼儿的空间知觉,发展幼儿的空间想象、动手操作及交流合作能力。

区角是把生活中有价值的素材进行了筛选、整理和设计,融合多元智能理论,集幼儿游戏、探索、操作、合作为一体,大大地丰富了幼儿的个体化发展的内涵,为幼儿的个性发展提供了一个良好的载体。总体来说,区角是一个具有科学依据性的区域。在对区角的布置上,一定要发挥幼儿的发展性和创造性。

(四)墙壁布置

幼儿园墙壁的布置是结合和配合教室、楼道以主题装饰为依据的展示设计。它主要贯穿于整个室内环境设计中,为幼儿提供多元化的视觉平台,丰富幼儿的观察和认知能力。在墙壁布置的过程中,我们要注意以下几点:

1. 安全性

在幼儿园的教学生活中,安全是最重要的。在墙壁布置的时候,应该避免使用对幼儿有危害的材料以及装饰。幼儿具有极强的好奇心,难免会对墙壁的装饰产生兴趣而去动手触摸以及把玩。为了安全考虑,应采用安全美观的装饰。

2. 合理性

在墙壁布置的空间把握上,一定要具有合理的规划与安排。巧妙地利用空间的特点,连续地整体组合,让整个装饰更加美观并具有教育意义。

3. 丰富性

每个独立空间都应该拥有不同的形式和内容。这不仅可以丰富装饰的内容、提高观赏性，同时还能把丰富的知识通过各种环境空间传达给幼儿。

（五）主题装饰

在幼儿园的室内环境设计中，主题装饰是一个归纳统一的环节，可以作为单独的布置点在各个区域体现。主题装饰在幼儿园室内环境设计中具有重要意义，它不仅仅是一个装饰，还承载着知识与技能的传达。我们常用的主题装饰可以大致分为以下几个内容：

1. 季节装饰

随着季节的变化，在主题装饰上，我们也可以随着季节的脚步一起变化，每个季节都有着不同的装饰内容。季节装饰可以提高幼儿的感知能力，也在不同程度上提高了他们的认知能力。

2. 节日装饰

节日装饰是我们经常运用的装饰主题。不同的节日有不同的特点，在丰富了装饰主题的背景下，也让幼儿在装饰环境里学到了知识，学习与生活得到了结合。

3. 景点装饰

在装饰的大背景下，我们可以结合著名的景点和名胜古迹来作为装饰主题。

良好的幼儿园的室内环境设计，不仅美化了幼儿园的环境与空间，还给幼儿创造了更好的学习生活环境，在各个具体的活动区域可以促使幼儿学习特定的知识，发展特定的技能，培养独特的个性。

第三节 幼儿园室外环境的创设与管理

一、幼儿园室外环境创设的含义

刘焱教授认为户外环境可以满足幼儿自由奔跑，同时也是在解放幼儿的想象力和创造力。户外环境与室内环境不同，它不受房屋建设局限，拥有更大的活动空间。幼儿园户外环境包括园舍建筑、户外空间布局、户外游戏区域、体育活动场地及绿化景观等。

幼儿园室外环境的创设是指根据幼儿的身心发展规律及幼儿园教育、教学的需要对幼儿园可见的、有形的环境进行设计与布置的过程。

二、幼儿园室外环境的创设

(一) 集体游戏区

集体游戏区是用于组织体育教学活动,组织体育竞赛、球类游戏、集体娱乐活动等的场所。在我国绝大多数幼儿园都有全园一起做操的习惯,还有上体育课的传统,所以幼儿园需要有较宽敞的、平坦的空间作为游戏场地。在游戏场地中应包括直线跑道和圆形场地。直线跑道长 30 米、宽 1 米,其前后最少要有 2.5 米的缓冲余地,总长不低于 35 米,共需四个跑道,其左右应附加 1 米,共 6 米宽。圆形场地围合直径为 13 米,外侧应有 2 米余地。

幼儿园室外游戏场地的设置应符合以下规定:

(1) 共用游戏场地面积 10 班不小于 340 平方米,15 班不小于 540 平方米;

(2) 分班专用游戏场地面积,每班不小于 60 平方米;

(3) 30 米塑胶直跑道 10 班不少于 3 条,15 班不少于 5 条。

如果每班都有一个专用游戏场地,那最好在靠近活动室处提供一个玩具存放处,以存放各班准备的各种小型器械,如风车、沙包、飞碟等。在游戏场地边沿可安置莲花桩、轮胎(可随意放在地面,也可以埋置部分在地下)、平衡木等。

(二) 生态环境区

在理查德·洛夫《林间最后的小孩》一书中,研究者们还观察到,当孩子们在一个被玩具器械而不是自然元素占据的环境中玩耍时,他们会凭借体力竞技建立社交关系;当一片开阔的草地被种上灌木以后,这个地方就被该研究称为"植物空间"了,在这里进行的游戏性质也就变得非常不一样了。孩子会进行更多的幻想游戏,而且相对于之前的依靠体力,他们的社会角色变得更依赖语言技巧、创新能力和发明能力。换言之,在自然游戏中,最有创造力的孩子成为孩子中的"头儿"。在对这些研究进行综述的时候,研究者注意到,孩子在玩耍时会自觉地选择场所。如果有机会选择,而孩子们又打算参与到有创造性的游戏中去时,他们就会选择到绿地中玩耍。研究表明,孩子们在比较自然的环境中更能集中精力。

儿童的发展是个体与环境之间相互作用的结果。因此,幼儿园应该尊重幼儿活泼、好探究的天性,将幼儿内心世界与幼儿教育的本质规律结合起来,巧妙创设自然环境,为孩子提供"有准备的环境",一个符合孩子需要的真实环境,一个供儿童身心发展所需进行活动、练习的环境。让孩子根据自己的兴趣在与环境互动中自由、自然地成长,让真善美在幼儿心中生根、发芽、开花、结果。

1. 长廊

如果条件允许,一般在幼儿园里都应修建一条或几条长廊。可以在幼儿园大门与活动场地之间做连接,也可以做班级与户外之间的连接,还可以把多个游戏区连接在一起。在长廊下栽种藤蔓植物,藤蔓植物长成后覆盖在长廊上既可以遮阴,也可以绿化。长廊既可以是孩子嬉戏之处,也可以是孩子休闲之地。

2. 小树林

如果幼儿园户外空间充足,可以设计一个小树林,栽种各种树木,包括高大的乔木、低矮的灌木、缠绕的藤蔓植物。如果场地窄小,也应见缝插针在体育器械旁、休闲娱乐场地栽种花草树木。集体游戏区的四周最好栽种高大的乔木,以方便幼儿遮阴、散步、嬉戏、自由谈话。

3. 草坪山坡

场地宽阔的幼儿园可以设计开阔大面积的草坪,满足幼儿上去任意翻爬滚打。场地窄小的幼儿园可以在游戏场地周围铺设带状草坪。幼儿园的环境应该有起伏变化、有阴面阳面,因为孩子总是喜欢变化、新奇和神秘。一个不起眼的小山坡,会让孩子反复跑上跑下,乐此不疲;在山坡上刻意留下的一些小洞洞,也会让孩子探究许久;如果土坡背面有些能容下一两个孩子的小山洞,那一定是孩子说悄悄话和藏猫猫的理想场所。

4. 种植、养殖区

种植饲养是孩子的必要劳动,班上一个小小的种植饲养角远远没有在大自然中有生气。所以任何一个幼儿园只要有条件,都应将孩子的种植饲养搬到户外去。

(1) 种植区

种植园一般开设在校园的偏僻之处和阳光充裕之处,划分合理,最好每班都能有。种植园虽小,但却是幼儿的开心农场,在春季、秋季,各班孩子和老师一起商量、寻找适合本季节种植的种子,播下种子以后引导幼儿每天能主动到自己的种植园去观察、浇水、除草、捉虫等,在植物的成长过程中,孩子们还可以进行一些实验及探索,如种花生时种下带壳的、剥开了壳及无壳的三种种子进行猜测、记录;挖地时探索怎样松土才快;浇水时探索哪种自制的洒水壶又方便又均匀;当植物长高后,大班教师根据计算方面的要求,先让孩子们尝试使用积木、铅笔、树枝、绳子等各种不同的非标准工具进行测量,引导幼儿探索测量的方法,为他们以后运用标准测量工具打下良好的基础;小班教师则利用种植园成为孩子们思维、语言的发源地……孩子们投入关心与体贴,那盛开的花朵、累累的果实和在他们呵护下长大的小动物,就是大自然馈赠给他们最慷慨的礼物,他们付出的努力得到了大自然丰厚的回报,孩子们自然而然地热爱这些生命。

种植园应该具有以下几个特点:

A. 各班都为种植园的栽种、观察提供充足的活动材料,如若干尺子、放大镜、玻璃瓶、筷子、小竹竿、小铲子、水壶、记录表格与空白纸张、笔、大纸盒等。

B. 每班根据季节特点制定切实可行的种植计划,选择果实大、生长期短、适合本班幼儿种植的植物进行种植,如春天种黄瓜,秋天种萝卜、胡豆等。

C. 小班主要以观察、实验为主,中大班幼儿在教师指导下要充当"小农艺师"的角色,参与所有的栽种活动。

D. 老师应善于将幼儿的兴趣作为教育的生长点,支持和促进幼儿的学习活动,让幼儿在直接体验和感受中,构建新的知识经验。

（2）养殖区

对于很多幼儿园来说,饲养工作难度大,有的幼儿园没有设置养殖区;有的幼儿园以几只鸟笼代替养殖区;有的幼儿园养殖区形同虚设,只是在迎接各种检查时临时买来几只动物充充数。根据相关规定,幼儿园应设置养殖区,常年饲养三种以上动物。幼儿园也要将养殖区的设置、动物养殖进行合理规划和管理。养殖区可以设置在墙角处的大树下,同时地面最好硬化,以便于冲洗。

（三）玩沙区

玩沙能给予孩子极大的快乐。当沙子从手中滑过,带给孩子的是一种"只能意会,不能言传"的感官刺激。沙子是低结构的游戏材料,它本身没有具体的形象,可以让幼儿任意造型,在堆沙、挖道、筑墙中体验沙的松软、了解沙的可塑性,提升其创造力。幼儿园应根据人数多少设计几个不同规格的沙池,沙坑面积10班不少于50平方米,15班不少于80平方米。沙池应该使用细软天然黄沙,避免使用白沙以及经工业加工的有色沙,禁用工业用沙。幼儿玩沙的工具要因地制宜,使用有效,如：挖土机玩具、沙铲、小桶、水壶、漏斗、印模、积塑等。另外还可以提供动物、人物、花草树木、交通工具、小旗子等玩具模型作为辅助材料。大一点的孩子们在沙池中修建房屋、挖地道、用各种筛子分离沙土、进行沙土对比种植实验等,小一点的孩子们则在沙池中"寻宝",用沙子包粽子、做蛋糕等。

（四）玩水区

玩水区包括游泳池、戏水池、喷泉、循环水工程等。幼儿通过舀水、拍打水、把水注入容器中感受水的流动,掌握水的特性。

玩水的工具可以提供：小桶、勺、瓶、水车、漏斗、量杯、喷水壶、吸水管等。玩水的辅助材料则要根据水的不同特性来决定。如："水的沉浮",可准备一些铁制、木制、塑料、橡胶的玩具或物品；"水的溶解",可准备一些糖、盐等可溶性物质。教师可以根据教育目标,结合幼儿园的水资源,开展感知水的沉浮、容积、渗透性等活动,还可以开展关于水的表面张力、拉力等活动。幼儿在与水零距离接触中、在玩水的快乐中可以获得许多适合他们天性的、有价值的发展。夏天孩子们在小溪中涉水、放纸船、捉蝌蚪、泥鳅；秋天观察小溪中漂流的落叶；在小溪中探索物体的沉浮,在大水池中放养自

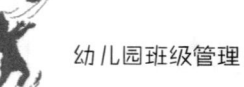

己养的小鸭；大班孩子在开始关注水的来源和去向时，教师们又结合环保教育开展探索循环水工程的活动……在活动中，孩子们不断运用已有的经验，一次次面临挑战、进行尝试，从失败的经验中学习、纠正，这种求知、做学问的态度，远比任何知识来得可贵！

（五）涂鸦墙

涂鸦墙一般可以安排在围墙上，也可以安排在教学楼底楼外墙上，高度以方便孩子站立作画为宜，墙面最好用白色瓷砖粘贴而成，可以用水彩、粉笔、毛笔、棉签或其他大刷子等工具作画，当然也可以使用拓印、粘贴等其他方式作画。它可以反复作画，随意擦掉，灵活安排。

（六）固定体育器械区

户外场地上固定放置各类体育器械是必不可少的。《幼儿园教育指导纲要（试行）》指出："幼儿园应开展多种有趣的体育活动，特别是户外的、大自然的活动，培养幼儿积极参加体育锻炼的积极性。"一个好的户外环境应能最大化地利于幼儿园组织户外体育活动，幼儿园要根据园内地形，根据不同器械特点，将器械设在绿地或土地或塑胶地面上。根据国家教育委员会制定的教玩具配备标准，幼儿园应提供以下几类体育器械：

A. 摇荡式器械——有秋千、浪木、浪船。
B. 滑行式器械——有助幼儿的手臂、躯体、腿部的肌肉发展，一般有滑梯、滑竿。
C. 旋转式器械——转椅。
D. 攀登式器械——软、硬攀登架，攀爬墙。幼儿都喜欢攀爬，尤其是中大班的幼儿，所以应该尽可能为幼儿设计1—3个攀爬区。可以购买大型的专用攀爬玩具，也可以倚墙建立攀爬墙，还可以设计编织攀爬网，攀爬器械越高越有挑战性，幼儿越喜欢。为了安全，攀登式器械地面要进行软化处理。
E. 起落式器械——跷跷板。
F. 平衡式器械——平衡木、荡桥。
G. 钻爬式器械——用木材、塑料或钢管制作，或在地面挖掘、水泥浇筑的管状器械，让幼儿在其中钻爬。

不同的器械有不同的作用，如摇荡式器械培养振荡的适应能力和胆量；滑行式器械有助幼儿的手臂、躯体、腿部的肌肉发展；攀登式器械有助于幼儿手臂、臀部肌肉的发展，培养冒险克服困难的勇气。幼儿园应尽量配足、配齐各类器械，或者独立设置，散放在各处，或者组合后集中放置，一般高大的器械下都铺设软垫。如果户外场地宽阔，可以设立在任一空间，相互之间要有一定距离；如果幼儿园户外空间不足，可以考虑把几种功能的玩具集于一体，甚至可以和沙池、戏水池组合在一起，节省空间和成本。活动器械场地面积因幼儿园活动空间和办园规模而定，一般10班不小于80平方米，15班不小于120平方米。

特别要注意的是，户外环境由不同的区域组成，但各区域之间往往不是生硬地分开，而是自然流畅地有机组合，以便于孩子能自由流畅地活动。提供的材料应具有多功能性和低结构性，既能满足不同年龄幼儿的活动需求，又能满足孩子的多种技能、技巧练习。

第四节 幼儿园班级精神环境的创设与管理

一、幼儿园班级精神环境的含义

幼儿园班级精神环境是指班级中影响教育活动开展和幼儿发展的主观因素，它是无形存在的，具体包括教师的精神风貌、人际关系、班级班风等。3—6岁幼儿的年龄较小，他们更需要在一个平等、尊重、信任的环境中生活，幼儿只有在这样的环境中才能感受到安全、温暖、宽松和愉快，也才能够积极主动地活动与学习、探索与创造，获得全面的发展。

幼儿园班级精神环境创设包括建立良好的师幼关系、幼儿同伴关系、教师间的关系、教师与家长的关系等方面的创设。

二、幼儿园班级精神环境的创设

（一）建立良好的师生关系

师幼关系是指教师与幼儿之间的关系。在幼儿园，幼儿每天会与教师频繁接触，教师对幼儿的肯定、赞赏或是批评、惩罚都会对幼儿的发展产生重要影响。因此，教师与幼儿之间的相互关系是影响教育活动开展和幼儿发展的重要因素。

建立良好的师幼关系，要做到以下两点：

一是正确理解教师与幼儿之间的关系。从社会成员的角度来说，教师和幼儿是平等的个体，其相互关系是平等的社会成员关系，无论幼儿的长相、个性或家庭经济状况如何，教师要平等对待、尊重、关爱每一位幼儿，将幼儿视作独立的个体，相信他们具有学习和探索的能力。教师只有真正尊重幼儿的主体地位，摒弃幼儿年龄小、不懂事，而将幼儿看作"受纳器"的做法，才能真正建立平等、和谐的师幼关系。

二是建立师幼之间良好的情感关系。教师对幼儿的教育是建立在爱的基础上的，教师要爱护、尊重幼儿，与幼儿平等协商或对话，及时捕捉幼儿的需求并给予适当的反馈，理解和宽容幼儿的错误，让幼儿感受到教师的关心和爱护。例如，早晨幼儿

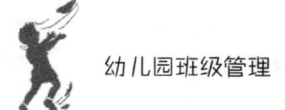

来园时,若发现幼儿情绪较为消极,教师要能及时捕捉,了解幼儿情绪低落的原因,并采取措施疏导幼儿的不良情绪。

 **案例研究**

以下是中班美工活动的一个教学片段,T代表教师,C代表幼儿。

T:小朋友们,你们想不想自己给小熊穿衣服呢?

C:想!(幼儿们显得异常兴奋,七嘴八舌地说着自己的想法)

T:安静!老师说过上美工课的时候,要注意什么?还记得吗?

C:不能大声说话。

T:对,要安静,还有呢?

C:油画棒是用来画画的,不能乱涂桌子,不能掉在地上。

T:嗯,现在老师演示一下如何给小熊穿衣服,请小朋友们仔细看,过会儿老师把小熊发给大家,让小朋友们自己动手。

T:好了,老师的小熊涂完了,现在老师要给大家发小熊,让小朋友们自己给小熊穿上漂亮的衣服哦。(老师在给大家发小熊时,有几个小朋友在窃窃私语)

T:谁在说话?(老师走向说话的幼儿身边)就你们几个天天在说话!

T:还想不想要小熊了?再说话我就不给了!每次上美工活动就你们几个能说!

C:(幼儿沉默地低着头一言不发)

T:我再说一遍,在给小熊穿衣服的时候,一定不要乱涂乱画,也不能把油画棒掉地上……

上述案例中,教师在对话中使用的基本都是命令性和禁止性的口吻。例如"不能大声说话""油画棒是用来画画的,不能乱涂桌子,不能掉在地上""谁在说话""再说话我就不给了"。

通过教师与幼儿的对话可以反映出,教师将自己置于高高在上的地位,没有和幼儿建立起平等的关系。在幼儿园,幼儿每天会与教师频繁接触,教师对幼儿的肯定、赞赏或是批评、惩罚都会对幼儿的发展产生重要影响。因此,教师要将幼儿视作独立的个体,并平等对待、尊重、关爱每一位幼儿,这样才有利于建立平等、和谐的师幼关系。

(二)建立良好的同伴关系

同伴关系是指班级中幼儿与幼儿之间的关系,良好的同伴关系对促进幼儿的发展至关重要。教师要明确同伴关系对幼儿发展的作用和价值,积极创设有利于同伴交往的条件。同伴交往涉及人和事物,教师要善于创造同伴交往的环境,提供有助于交往的时间、场所、游戏材料等,让幼儿体验和感受同伴交往的快乐。例如在区域活动中,当幼儿选择了自己想去的区域以后,教师要引导幼儿学会与同伴交往,通过讨论、协商确定活动目标,各自分工与合作,共同完成任务。另外,由于幼儿的交往经验有限,对于交往的技能掌握较少,教师要指导幼儿学习积极交往的态度,了解与同伴交往的规则和交往的技能,学习和实践诸如帮助、分享、同情、关心、合作、诚信等良好的社会行为。对于在同伴交往中遇到困难的幼儿,教师要提供及时、有效的帮助,通过讲故事、情景创设、角色体验等多种方式引导幼儿学会与同伴交往。

 案例研究

小强处处不让人,他喜欢的玩具别人碰都不能碰一下,入园第一天,他就打骂了班上好几个小朋友。时间长了,孩子们都不喜欢他,也不愿跟他一起玩。

一天,孩子们用不同的材料尝试垒高。由于小强来回地跑跳,刚垒起来的易拉罐被他踢得乱七八糟。小朋友们非常生气:"你别捣乱了。"可小强就是不听。冰冰跑来向我告状:"老师,我们不想跟小强玩了。""那好吧。"我同意了冰冰的意见,把小强叫了过来。我在有意识地让小强体验一下失去朋友的孤独和寂寞。

过了一会儿,我问他:"你猜一猜,小朋友们为什么不喜欢你?""因为我打人、抢玩具、跟他们捣乱……"小强给自己列举了一大堆"罪状",看来小强对自己的行为是有正确认识的,只是缺乏自控力。"那怎样让小朋友们喜欢你呢?"我追问。"我不打人了,也不捣乱了。"小强说。"那好吧,"我说,"你试着跟冰冰他们去说一说,看他们能不能原谅你。"

小强快速来到了小朋友们身边,对冰冰说:"我不捣乱了,你们还跟我玩吗?"冰冰想了想,又看了看其他小朋友,没有人反对,就说:"行!"

于是,小强认真地和小朋友们一起活动起来。

同伴是幼儿在幼儿园生活中的重要成员。学会和同伴交往是幼儿需要重点学习的内容,也是幼儿社会化发展的重要标志。上述案例中,小强在同伴玩游戏的过程中,破坏了同伴冰冰的游戏成果,引起同伴不高兴。当教师听到冰冰的诉求后,并没有立马责怪小强,而是引导小强认识自身在交往中存在的问题,学习同伴交往的技巧。通过教师的引导,小强逐渐掌握了与同伴一起玩游戏的交往技巧。在幼儿的同伴交往过程中,由于幼儿的交往经验有限,对于交往的技能掌握较少,教师要指导幼儿学习积极交往的态度,了解与同伴交往的规则和交往的技能,通过讲故事、情景创设、角色体验等多种方式引导幼儿建立良好的同伴关系。

(三)展现良好的精神风貌

教师的精神风貌是指教师对幼儿、同事及工作所展现出的态度和言行。教师的行为举止、说话方式、待人接物的态度,以及穿着打扮等都会有意或无意地影响着幼儿。例如,在早晨入园环节中,教师在教室门外热情地接待幼儿,微笑着道一声"早上好",或给幼儿一个亲切的拥抱,这会让幼儿深深地感受到教师对自己的关爱。幼儿通过观察教师的言行、说话和交往等,学习控制和调节自己的行为。因此,提高教师的修养,实际上就是创设良好的班级心理环境。在日常教学过程中,教师不仅要注重提高教学技能,还要注意提高自己的综合素质。教师要在一言一行、一颦一笑间展现出高雅的风度,时刻注意自己的言行和举止,为幼儿树立良好的榜样。

（四）建立团结友爱的班集体

随着年龄的增长,幼儿的社会性也在不断发展。幼儿不再仅仅满足于和父母、教师之间的情感交流,而开始渴求与同伴的交往。在与同伴交往的过程中,幼儿能够站在他人的角度,学习关爱和帮助他人,并逐渐感受到与人相处的快乐。这种心理感受是幼儿喜爱幼儿园并接受良好教育的心理基础。因此,教师应努力营造团结友爱、和谐相处、互帮互助的班级氛围,充分发挥和展现集体生活的魅力。教师可通过开展"关爱朋友""我们是一家人"等活动,培养幼儿团结友爱、关心集体的思想品德。例如,当班级的某位幼儿生病后,教师可组织其他幼儿通过打电话、送卡片等方式表达自己的关心,当看到某位幼儿遇到困难时,教师可引导其他幼儿为其加油助威。教师通过开展这些活动,有助于创建团结友爱的班集体,并让幼儿充分感受到自己生活在一个充满温馨和关爱的集体中。

思考与实践

思考练习

幼儿园要开展手工活动,张老师要求家长给幼儿准备废旧材料。周一那天,班上只有阳阳没带材料来,张老师就不让她参加活动,阳阳站在一边,看同伴活动,情绪低落,一天都很少说话,回家后阳阳冲爸爸大发脾气……

问题:(1)张老师的做法合适吗?为什么?

(2)你认为张老师应该怎么做?

实践应用

请利用见习、实习到幼儿园参观。

要求:(1)了解幼儿园室内、室外的环境创设情况;

(2)就某一创设提出自己的设想。

第六章 幼儿园班级人际关系管理

1. 了解幼儿园班级人际关系管理的类型；
2. 掌握同伴关系建立的方法；
3. 明确家长与教师的人际关系；
4. 掌握师幼关系建立的途径；
5. 根据同事关系定位，掌握同事合作关系的技巧。

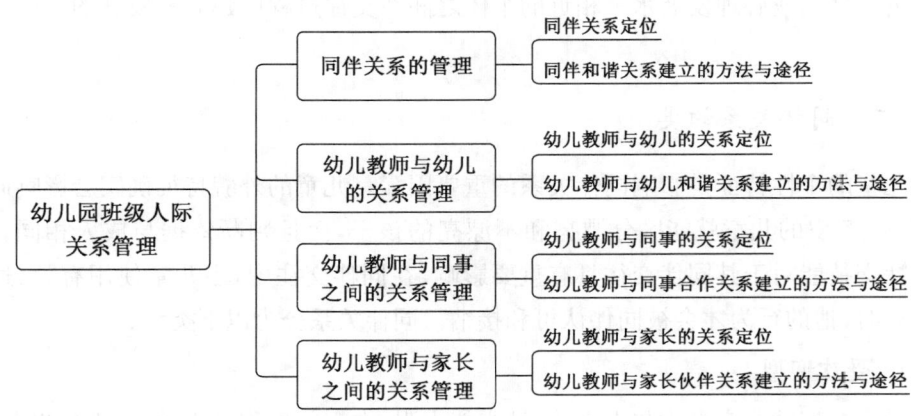

中二班的副班丽丽老师最近有点纠结，她很想和主班花花老师好好聊一聊班级管理问题，但又不知道从哪谈起。主班花花老师是这一学期刚来的老师，因为原来的

主班梅梅老师调走了,所以两个人现在也是处于磨合期。

丽丽老师和梅梅老师都注重幼儿们的行为习惯、独立生活等常规,幼儿们也养成了好的习惯。但是新来的花花老师总觉得无所谓,平时在班级里也是"得过且过"。前脚丽丽老师批评了幼儿的错误行为,后脚花花老师就无视了。由于花花老师总是无视这些"小问题",最近班级里的幼儿们也都越来越"散漫"了,做事越来越没有章法。

这个现象使得丽丽老师很困惑,也很想解决这个问题。丽丽老师想和花花老师谈,但是又不知道该怎么和花花老师讲。但不谈这个问题,丽丽老师又觉得这是需要改变的班级管理问题。

第一节　同伴关系的管理

一、同伴关系定位

(一) 同伴关系的含义

同伴关系是指年龄相同或相近的孩子之间的一种共同活动并相互协作的关系,是同龄人之间或心理发展水平相近的个体之间在交往过程中建立和发展的一种人际关系。

(二) 同伴关系的类型

儿童的个性特征是影响同伴关系的重要因素。儿童的外貌特征确实会影响同伴关系,3—5岁的儿童就能区分漂亮和不漂亮的孩子,而且判断依据与成人相同。儿童的社交技能对于其同伴交往具有重要影响,在同伴交往中,当儿童使用有效、适宜的策略时,他的行为才会被同伴认可和接纳。同伴关系分为以下类型:

1. 受欢迎型

受欢迎型的儿童喜欢与人交往、社交能力强,在交往中积极主动,并表现出友好、积极的交往行为,因而被大多数同伴所接纳、喜爱。他们在同伴中的社交地位较高,具有较强的影响力。

2. 被拒绝型

被拒绝型的儿童在交往中也很活跃、主动,喜欢交往,但常常由于缺乏适宜的社

交技能和社交策略，多采用一些不友好的交往方式，被大多数同伴拒绝、排斥，造成同伴关系紧张，在同伴群体中的社交地位低。

3. 被忽视型

被忽视型的儿童最明显的特征就是不喜欢交往，常常独处或自己一个人活动，在交往中表现得退缩或畏缩，交往态度是消极的、拘谨的，他们对同伴没有很多友好、合作行为，也没有很多不友好、侵犯行为。

4. 一般型

一般型儿童在与同伴交往中表现一般，既不是特别主动、友好，也不是特别不主动、不友好，交往的主动性、友好性、社交策略都处于中等水平，在同伴交往中的社交地位也一般，被一部分同伴喜欢、接受，同时也受到另外一些同伴的排斥、拒绝。

 案例研究

上午的户外活动时间里，幼儿园的孩子们正在玩户外游戏。小班的龙龙特别喜欢玩小飞盘，玩了一会，龙龙去喝水了。

回来之后，龙龙发现自己的玩具在明明手里。龙龙立马上去就抢了过来，自己拿在手里。明明被推到之后，立马就去推龙龙……

一场争夺大战开始了。

请思考，针对小班的幼儿，我们应如何提高他们的社会交往能力？

二、同伴和谐关系建立的方法与途径

无论是父母还是教师都应该为儿童创设同伴交往的条件，提供同伴交往的机会，让儿童在与同伴互动的过程中建立稳定、和谐的同伴关系。成人应帮助儿童掌握适宜的社会交往技能，有利于儿童发展良好的同伴关系。成人不必大惊小怪，应理解儿童内心真正的想法，并站在他们的角度分析其言行背后的原因，在此基础上，教会儿童正确表达内心想法的方法，引导儿童与同伴建立适宜的关系。

（一）增加幼儿的自信心

万事万物都有它特定的运行速度和规律，幼儿的成长也是一样的。每个幼儿摸索世界的速度不同，成人应该多给幼儿一些时间，让幼儿循着自己的速度去认识这个他从未经历的世界。

对于害羞、怕生的幼儿，增加他面对人群的信心是很重要的。例如当他主动跟别人打招呼，或只是害羞地对新朋友微笑时，成人也要适时给予鼓励。幼儿只要一受到称赞，他就愿意付出更多的努力去尝试。同时，在幼儿没有达到预期的表现时也不要

责怪幼儿,否则幼儿会更退缩。

当人越来越了解自己周围的人际关系后,他就能做出越来越合适的反应,这就是人为什么能进步的原因。幼儿之所以怕生,是因为他对身边的人际关系还没有什么了解,所以会排斥、会害怕都是很正常的。成人如果能站在幼儿的立场多为幼儿着想,就不会再以成人的标准来苛责幼儿,也才能在心平气和的情况下对幼儿做出适当的引导。

(二)促进幼儿的社会交往

1. 提供多元环境

个人能力发展越好,社交能力就越强。因此,教师可以在教室为幼儿布置一个多元化环境,如涂鸦墙、益智空间或游戏室等,让幼儿的活动空间不局限于桌椅,这样不但能让幼儿的生活增加一点变化,也能让幼儿比较容易接受不同的事物。

2. 积累社交经验

在幼儿园内,教师可以引导幼儿加入区域角活动,也可以引导幼儿加入正在进行的户外游戏活动,通过加入游戏活动,推动幼儿的社会交往。在家庭里,家长可以邀请幼儿的同学或亲戚朋友的小孩到家中来做客,这样不但可以增加幼儿的社交经验,也可以帮助幼儿早日脱离以自我为中心的状态。

3. 多到户外走走

教师和家长通力合作,共同帮助幼儿的社会性发展。家长平时多带幼儿出去走动,不要一天到晚待在家里。每个幼儿都有旺盛的好奇心和敏锐的观察力,即便只是带幼儿出去看别人玩,对幼儿同样会有帮助。因为幼儿会通过观察外界来了解自己。当幼儿的眼界越宽,他的心胸也就会跟着开阔,接受新事物的速度就更快。

(三)提高幼儿的社交技巧

不论希望幼儿有什么样的改变,成人都应该多一点耐心,给幼儿更多的时间去适应。不要强迫幼儿去做他不喜欢的事,也不要给幼儿过量的刺激。虽然有时候幼儿会出现不合乎社会规范的行为,但也无须苛责,这本来就是幼儿探索世界的一种方式。正因为不合乎规范,所以才产生冲突,正是有了这些冲突经验的不断累积,幼儿才在解决冲突的过程中获得成长。

1. 示范具体的社交策略

教师和家长可教幼儿学习一些具体、有效的社交策略。例如,对于逃避型的幼儿,成人可以直接示范社交策略。比如当幼儿想加入其他人的游戏时,可以教幼儿友好地向人询问:"我可以参加你们的游戏吗?""我想和你们一起玩,可以吗?"或者告诉幼儿注意观察其他小朋友,当别的小朋友在游戏过程中出现了麻烦,如搬不动东西

时，可让幼儿主动上前提供帮助。如果其他小朋友表现得出色，可教幼儿不妨赞美他："你做得真好！"如果幼儿害羞，成人可鼓励先找和自己差不多的幼儿一起玩，和一个人多接触几次，再慢慢去和其他幼儿接触。社交策略的学习，对鼓励胆怯型的幼儿敢于交友具有直接的推动作用。

2. 创造具体的情境，锻炼幼儿交往能力

成人还可以创造一些具体活动，吸引幼儿们一起共同活动。社会交往需要情境，对幼儿而言，交往的最好前提是共同做某项彼此都感兴趣的事情。比如教师可以准备一些沙包，教幼儿们做丢沙包的游戏，或者家长在家中举办小小晚会，邀请左邻右舍的小朋友一起参加。尽管幼儿在幼儿园或在学校能够获得机会和同伴交往，但父母还是不妨自己再创设一些活动，观察幼儿与同伴交往的特征如何，再有针对性地进行交往能力的培养。

3. 引导幼儿体察他人的情感变化

在同伴交往中，对他人情绪的正确感受和积极反应是交往的基础。教幼儿判别他人的情感变化，是教师和家长应当重视的事情。在家庭生活中，父母可以通过看电视、游戏等方式，教幼儿观察人的各种情绪变化，了解如何通过脸部表情以及肢体动作来表现。还应注意引导幼儿学会思考自己的行为对他人会造成什么样的情感变化。可以多问问他："如果你是别人，这时你会怎么想？是高兴还是生气呢？"

4. 提高幼儿的亲社会性水平

同伴关系也会影响儿童亲社会行为的发展。研究表明，在儿童的安慰、帮助、同情等能力形成和发展的过程中，同龄人起着决定性的作用。学前儿童的知识经验积累较少，社交技能水平较低，因此当同伴间发生冲突时，常常以攻击的方式解决冲突。

需要指出的是，3岁以上的儿童慢慢开始懂得什么是对的、什么是错的。但是，帮助儿童矫正攻击性行为不是一朝一夕就能成功的。成人在教育儿童时要保持耐心，可以采用讲故事、角色扮演、换位思考等多种方法进行教育。儿童的亲社会行为极其不稳定，有时是自觉的，有时是不自觉的。为了培养儿童的亲社会行为，需要对其给予及时强化，肯定儿童助人、分享、合作等行为表现，帮助他们形成稳定的亲社会行为。

第二节 幼儿教师与幼儿的关系管理

一、幼儿教师与幼儿的关系定位

（一）专业的教育者

幼儿园是对3周岁以上学龄前幼儿实施保育和教育的机构。幼儿园教育是基础教育的重要组成部分，是学校教育制度的基础阶段。幼儿园的任务是贯彻国家的教育方针，按照保育与教育相结合的原则，遵循幼儿身心发展特点和规律，实施德、智、体、美等方面全面发展的教育，促进幼儿身心和谐发展。

教师作为幼儿成长道路上的教育者，需要理解并根据幼儿的身心发展特点及其生活经验设计相应的教育活动，并成功实施；理解不同幼儿在生活经验、发展水平、发展速度、优势领域等方面的个体差异，并能根据幼儿的个体差异，因材施教。

（二）合格的引导与支持者

1. 引导者

著名教育家维果茨基在教与学的发展关系上，提出了最近发展区的思想。他认为儿童的发展有两种水平，一种是儿童的现有水平，即独立活动时所能达到的解决问题的水平；另一种是儿童可能的发展水平，也就是通过教学所获得的潜力。两者之间的差距就是最近发展区。

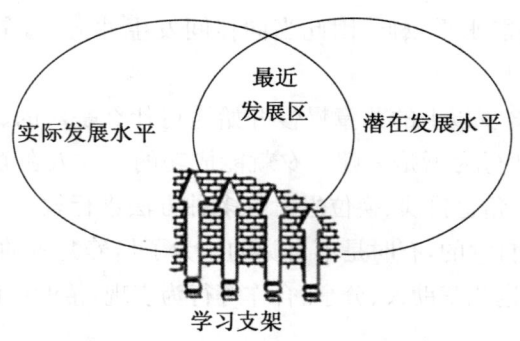

图6-1 维果茨基最近发展区示范图

教师必须了解幼儿现有学习状况，把握幼儿面临的问题或矛盾冲突。在幼儿的最近发展区内，根据幼儿的问题或矛盾引导幼儿成长。教师要尊重幼儿发展的个体差异性，了解幼儿的发展水平，根据幼儿的个体差异实施具有多元化、差异化的个性教育。

2. 支持者

《幼儿园工作规程》中指出幼儿园应当将环境作为重要的教育资源,合理利用室内外环境,创设开放的、多样的区域活动空间,提供适合幼儿年龄特点的丰富的玩具、操作材料和幼儿读物,支持幼儿自主选择和主动学习,激发幼儿学习的兴趣与探究的愿望。

教师要为幼儿提供良好的物理环境和温馨的心理环境;为幼儿提供丰富、适宜的游戏材料,充分利用、合理设计游戏活动空间,支持、引发和促进幼儿的游戏。教师需要有效地运用观察、谈话、家园联系、作品分析等多种方法,客观、全面地了解和评价幼儿,并根据评价结果指导下一步教育活动。

(三) 反思型的研究者

教育评价既是教师开展教学反思重要的途径,也是推动教师成为反思型研究者的外在动力。教师在教育活动过程中要关注并敏感地察觉幼儿在活动中的反应。幼儿的行为反应和发展变化是对教育工作最客观、直率、真实的评价,教师要关注幼儿的反应和变化,把它看作重要的评价信息和改进工作的重要依据。

当按计划进行的活动或提供的材料不能引起所期望的反应时,教师应主动反思,寻找原因,及时调整活动计划或教育行为,使之适合于幼儿的学习。教育活动评价应结合教师的实际工作,自然地伴随着整个教育过程进行。教师在进行幼儿发展状况的评估时,应在日常活动与教育教学过程中,通过对幼儿的观察、谈话、幼儿作品分析,以及与其他工作人员和家长的交流等方式了解幼儿的发展和需要;应承认和关注幼儿在经验、能力、兴趣、学习特点等方面的个体差异,避免用划一的标准评价不同的幼儿。

二、幼儿教师与幼儿和谐关系建立的方法与途径

(一) 关心、爱护幼儿,接纳幼儿的亲近

对幼儿的关爱是幼儿教育中的最关键要素,幼儿只有沐浴在爱的阳光下才会有安全感,才能放松神经,学会与同伴、老师交往。相关研究表明:幼儿总是先感受到成人对自己的爱,而后发展到爱自己、爱其他的人。

进入幼儿园对孩子来说是一项巨大的挑战,他们需要离开朝夕相处的父母,进入一个陌生的环境。面对这样的情况,幼儿难免感到焦虑和恐惧,一般都会将自己对父母的依恋转移到老师的身上,希望老师能够关注他、喜欢他来消除对新环境的恐惧。因此,要构建平等和谐的幼儿师生关系,幼儿教师必须把对幼儿的关爱放在首位,多与幼儿沟通,了解他们内心的想法,通过给幼儿一个微笑、投去赞许的目光、拉拉幼儿的手、摸摸幼儿的头等表情和动作,带给孩子亲切和温暖的回应。教师也可以允许幼

儿将家中最喜爱的玩具带入幼儿园,用欢快、柔和的语言与孩子交流,这样才能让幼儿从内心接纳教师,从而更好地适应集体生活。

案例研究

秋天的叶子

下午的自由活动时间里,小班的飞飞拿着几片叶子看向教师:"老师,秋天里的叶子为什么不一样啊?"

"哦,是吗?不一样啊,叶子都是不一样的。"老师看了一眼,继续忙活起来。

飞飞默默地放下了叶子,转向找其他小朋友去了。

请大家思考,老师的做法合理吗?如果是你,你会怎么做呢?

(二)理解尊重幼儿,满足幼儿的合理需求

《幼儿园教育指导纲要(试行)》指出教师要尊重幼儿在发展水平、已有经验、学习方式等方面的个体差异,用适当的方式给予帮助和指导,使每一个幼儿都能感受到安全、愉快和成功。幼儿是一个独立的个体,有着自身的独特个性。教师在面对3—6岁的幼儿时,首先要尊重幼儿的年龄特征。成人对学前儿童的教育措施,必须充分考虑到每个儿童的气质特点。成人可对学前儿童在游戏、学习、劳动等活动中的情感表现、行为态度等进行反复细致的观察。教师在进行教育教学工作时,要针对学前儿童的气质特点,采取相应的教育措施。

活泼好动是儿童的天性,也是幼儿期儿童最明显的性格特征之一,不论是何种类型的儿童都有此共性。即使是那些非常内向、羞怯的儿童,在家里或者与非常熟悉的小伙伴玩耍时,也会自然而然、流露无遗地表现出活泼好动的天性。儿童很容易受外界情境或他人的影响而出现情绪激动、行为变化,或者因自己主观情绪或兴趣的左右而行为冲动。

由于学前儿童的年龄特征,教师在面对幼儿的活动时,不能一味要求幼儿安静、有纪律、有秩序。当儿童对某一活动感兴趣时,只要在不伤害他人、不破坏环境的前提下,教师都可以满足幼儿的合理需求。

案例研究

我要去修好它

小雨从书架上拿下一本书,她翻了几页,把书放下就跑出了图书区。

小王老师看到后,拉住小雨的手,微笑着说:"小雨,我看到你没有把书及时放回

书架,你是打算做什么吗?"

小雨回答:"哦,那本书破了,我要去美工区拿胶带把它修好。"

小王老师笑着说:"这样啊,你想修补书的想法很好,去美工区拿工具吧!"

小雨开心地走向美工区。

请大家思考,小王老师的做法中,哪些是值得我们学习的,为什么?

(三)参与幼儿的游戏活动,引导交流与合作

在3—6岁的儿童群体中存在明显的个体差异,教师要正视幼儿的个体差异性,而游戏情境是教师开展幼儿个体差异教育最好的一种载体。不论是在游戏活动中、一日生活中,还是在集体教学活动中,教师和保育员都要与幼儿建立良好的师幼关系,通过语言、眼神、肢体动作等形式构建师幼间情感联系的纽带。

对于幼儿游戏活动材料的提供,教师要尊重幼儿个体间的差异性,坚持多元性的选择,提供多样化、多元性的游戏材料,同时满足不同年龄、性别、兴趣的幼儿的需求。当幼儿出现某种疑问时,教师不要急于给幼儿解决的方案,而是应该引导幼儿在游戏中尝试自己解决问题,增强幼儿独立解决问题的能力;当幼儿提出某种解决策略时,教师不要急于否定,而是要倾听幼儿的回答,并鼓励幼儿尝试。另外给予幼儿足够的时间、空间和材料,让幼儿通过自己的力量来验证自己的观点,在幼儿独立思考、动手操作的过程中发展幼儿独立解决问题的思维方式。

在游戏活动的实施中,高质量的师幼互动、自由的活动时间安排、教师有策略的指导以及富有挑战性的游戏都是在实施过程中实现的。高质量的师幼互动以高质量的教师队伍为基础,以教师、幼儿为主体,通过教师与幼儿、幼儿与幼儿之间的多种互动方式等形式,促进幼儿与教师之间语言、眼神以及肢体动作间的互动。对于3—6岁的幼儿来讲,他们更加喜欢富有挑战性的游戏活动。在充满挑战的游戏活动中,幼儿自发的兴趣和持续探索世界的欲望会促使幼儿更加精神饱满地投入游戏活动;而对于无聊的、没有挑战性的游戏,幼儿更加容易疲倦、厌烦,呈现出明显的兴趣缺失。说到底,游戏的有趣性、探索性、灵活性是幼儿喜好游戏的主要原因。在区域活动中,幼儿需要有足够的时间和开放自由的活动安排。当幼儿处于轻松、自由的游戏活动时,更有利于其创造想象和创新性思维的发展。高质量的教育活动和游戏活动都离不开教师有效的教学方法和教学策略,只有依据幼儿身心发展的差异性,在游戏中因材施教,才能真正促进幼儿的个性化发展。

(四)宽容地对待孩子的尝试,给予幼儿改正的机会

3—6岁正处于活泼好动的年龄阶段,常常一不小心就犯错误。面对时时闯祸的孩子,幼儿园的老师往往容易克制不住自己的脾气,对幼儿进行严厉的批评,更有甚者会出现体罚或变相体罚。老师这样做的出发点在于让犯错的幼儿长记性,对犯错

产生恐惧的心理,从而能小心翼翼,尽可能少地犯错误。

但结果却往往不尽如人意,如果老师一味地通过惩罚来教育幼儿,那么幼儿极有可能疏远老师,与老师对立,或向家长告状,最终导致怕学厌学的后果。因此,教师应该用一颗宽容的心来对待幼儿犯的错误,多多包容幼儿无意间的失误,适时地帮助幼儿分析出错的原因,从而在帮助幼儿改进错误的同时,增进教师与幼儿间的相互信任感。

(五)全面了解幼儿,平等对待所有幼儿

进行幼儿教育时,教师应摆正自己的姿态,将自己作为幼儿学习的支持者、合作者和引导者与幼儿相处,将幼儿放在与教师平等的角度与其交往,对幼儿将心比心,细心地观察每位幼儿的行为,耐心地站在他们的位置思考问题,只有这样才能够知道幼儿的所想,从而找到适当的方式引导幼儿。

因为幼儿年龄较小,思想意识结构不完善,语言表达能力发展不足,难以将自己的行为和思想表达清楚,所以在了解幼儿时,可借助幼儿家长和其他儿童伙伴,增进对幼儿的理解,缩短师幼间的内心距离,增进师幼间的情感。

第三节 幼儿教师与同事之间的关系管理

一、幼儿教师与同事的关系定位

(一)教师与教师之间的关系

1. 合作者

按照国内现行的班级配班体制,一个班级内实行"三位一体",即两名带班教师和一名保育员,三者齐心协力共同管理班级,达到工作效率最优化。也有部分幼儿园实行"三教轮保",即三名教师轮流替换保育员,教师不指定具体职位,按照轮流的角色承担教育责任,这样做能够确保每一位教师都清楚班级里每一位孩子的个性特征。

2. 资源共享者

教育活动的组织与实施过程是教师创造性地开展工作的过程。教师要根据《幼儿园教育指导纲要(试行)》和本班幼儿的实际情况,制定切实可行、富有弹性的工作计划,并灵活地执行。

教师之间为更好地开展教学工作,应共享课程方案、教育教学资源、家长工作资料等资源,增强团队意识,推动班级内所有幼儿的个性化发展。

3. 专业成长互助者

观察了解幼儿，依据国家有关规定，结合本班幼儿的发展水平和兴趣需要，制订和执行教育工作计划，合理安排幼儿一日生活，是一名幼儿教师的专业职责。教师之间应互相学习对方的能力与特长，取长补短，更好地提升自身的专业素养。作为一名新教师，应虚心接受老教师的实践经验，将理论联系实践，更好地实施教育活动；老教师应学习新教师的新的想法和思考，不断接收新的教育理念，推动自身的教育现代化。

（二）教师与保育员之间的关系

1. 保教结合存在的问题

幼儿园教育应当贯彻国家的教育方针，坚持保育与教育相结合的原则，对幼儿实施体、智、德、美诸方面全面发展的教育。然而基于社会观念和意识的偏见，存在对保育工作不重视，忽略保育员的重要性的问题。

《幼儿园工作规程》中指出幼儿园保育员承担以下职责：负责本班房舍、设备、环境的清洁卫生和消毒工作；在教师指导下，科学照料和管理幼儿生活，并配合本班教师组织教育活动；在卫生保健人员和本班教师指导下，严格执行幼儿园安全、卫生保健制度；妥善保管幼儿衣物和本班的设备、用具。

保育员作为幼儿园教育中不可或缺的一个职业，负责幼儿的一日生活，尤其在幼儿的身体保健和日常生活中起着重要的作用。然而保育员往往对自身的价值认识不足，没有意识到自己的对幼儿的教育教养作用，面对教育幼儿的任务时通常采取回避态度，甚至不干预教育活动。

还有部分教师在工作中认为自己的地位比保育员高，在教育幼儿的过程中既不重视保育员的作用，也不关注保育员的举动。

2. 保教结合的关键

为更好地促进幼儿体、智、德、美诸方面全面发展，幼儿教师和保育员应正确认识自身以及对方的价值。不管是"三位一体"的教师工作机制，还是"三教轮保"的机制，教师都应正视保育员老师的工作责任和教育价值，合理分工，有效安排幼儿的一日生活，顺利过渡各个教育环节，直至一日生活的离园活动结束。

教师之间在工作中应相互配合，互相体谅。直至现在仍有部分幼儿园实行"半日工作制"，主班和副班教师各自负责半日活动，基于这种工作机制，教师之间更要相互沟通与交流，不仅体现在半日活动的交接中，更要沟通教育活动的连接性，帮助幼儿形成完整的认知经验和游戏经验。不管是幼儿园教师，还是保育员教师，都应共同为幼儿营造一个和谐统一的成长环境，引导幼儿健康快乐成长。

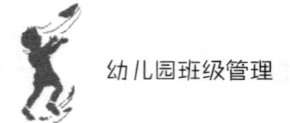

二、幼儿教师与同事合作关系建立的方法与途径

（一）尊重幼儿园内的每一位同事

作为一位教师，我们更应该以身作则，学会尊重他人。在幼儿园的每一个个体，不管地位高低，不管有无背景、有无能力，作为我们的同事，我们都应该给予尊重。园长、副园长、教研主任、年级组长、同事、保育员、门卫、清洁工阿姨都应获得别人的尊重。尊重别人既是我们的本分，也是我们的素养。

（二）主动承担并完成自己分内的工作，与同事之间互帮互助

幼儿园是一个教育工作场合，每一位教师都应做好自己职责的分内事。幼儿园里教师之间社交的本质就是不断地用各种形式帮助自己或其他老师取得专业和生活上的成功。为同事共享出你的知识与资源、时间与精力、朋友与关系、同情与关爱，从而持续地为其他老师提供帮助，同时提高自己的价值。

（三）班内教师之间多沟通，耐心听取对方的想法和建议

作为一个班级内的教师团队，三位教师之间需要不断沟通，共同交流班内幼儿的一日活动。在幼儿园内，教师应利用幼儿离园后的时间，整理一日活动的环节，进行自我反思。在反思环节，教师应打破角色分工，就教育活动环节进行交流、评价，耐心听取他人的想法和建议，共同致力于幼儿的发展、教育活动的完善以及自身专业素养的提升。

这里特别注意的是，与同事之间沟通不是盲目批评或者横冲直撞的，而是要讲究方式方法，更要懂得换位思考。如果搭班的教师或保育员是一位老教师，当他的行为与我们的预期不符时，我们要尝试站在对方的角度去思考问题。为什么会形成这种方式，这种方式是否正确？是否与老教师之前的经验有关系，我们是否必须改变这种方式，如果改变，将怎样进行？这些都需要提前考虑，因此我们尤其要注意同事间的交流技巧。

（四）善于发现同事的优点，虚心向同事学习，鼓励同事的进步

将每个同事看作"特别"的人，每个人都希望别人能看到自己存在的独特价值和过人之处。想要建立稳定、良好、和谐的同事关系，就要努力发现同事的特别之处，尤其是同事的优点。在这个过程中，大家都是从新教师开始，通过努力走向优秀教师。当自己的搭班教师是一位优秀的教师时，更要虚心向优秀教师学习，努力提高自己的能力，成为同事的好帮手。当自己的同事获得成功时，真诚地祝贺，而不是嫉妒，那么受到她们成功的启示和鼓舞，你在不远的将来也会更加成功。

 **知识拓展**

讲究沟通的技巧——增强人际交流好感的 11 个心灵通道

1. 让人乐意做你建议的事。
2. 把命令的语气改成建议的口吻。
3. 站在对方的立场阐述问题。
4. 迎合对方的兴趣找话题。
5. 批评对方之前,一定要先欣赏他。
6. 多伸橄榄枝,让对方愿意与你交谈。
7. 谴责很可怕,换一种方式表达不满。
8. 间接指出别人的过失。
9. 你不妨先说出自己的错误。
10. 让对方觉得决定是自己做出的。
11. 提高沟通能力,打破障碍和僵局。

第四节 幼儿教师与家长之间的关系管理

一、幼儿教师与家长的关系定位

现代教育观点认为新型的家园合作关系,意味着让家长成为教师的合作伙伴,让幼儿园教育指导家庭教育,让家庭教育支持、强化幼儿园教育,使家长与教师,家庭教育与幼儿园教育互相接纳、融洽,互帮互长,从而实现家园合作的理想,即合力促进每一个幼儿的发展。

《幼儿园教育指导纲要(试行)》指出家长是幼儿园教师的重要合作伙伴。幼儿园教师应本着尊重、平等的原则,吸引家长主动参与幼儿园的教育工作。教师向家长介绍幼儿园的保育教育工作,争取家长的理解、支持和参与;了解幼儿的特点和家庭的需要,有针对性地开展教育工作;积极推动家园配合,使幼儿在园获得的学习经验能够在家庭中得到延续、巩固和发展;同时,使幼儿在家庭获得的经验能够在幼儿园的学习活动中得到应用。

 案例研究

早晨,小班的王老师在幼儿园门口迎接孩子们的到来。提前来到的孩子就在户外场地自由玩耍。

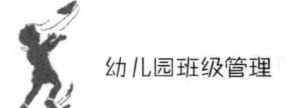

班里花花的妈妈送孩子来园的时候有点生气,和王老师的聊天语气里有点责怪保育员老师。王老师赶紧了解情况,妈妈说道:"花花回家一直喊饿,家里人一问,花花说是保育员不给吃饱饭。"妈妈就很生气,为什么不给孩子吃饱呢?我们正常交伙食费用,怎么会出现这种问题?

王老师面对这种问题,该怎么解决呢?花花说的对吗?保育员老师真的出现这种行为了吗?该如何向家长说明真实情况?

二、幼儿教师与家长伙伴关系建立的方法与途径

(一)教师发挥主动作用,增强信任感

任何人际关系的相处都是互动的,是相互影响的。教师在与家长的交往过程中发挥主动作用,取得家长的信任,是做好家长工作至关重要的内容。

1. 主动介绍情况,搭建感情的桥梁

教师与家长初次接触时,难免有生疏感。作为教师,应主动担负起建立相互信任关系的责任,主动向家长介绍幼儿园的情况、幼儿在园各个方面的表现以及幼儿园最近开展的活动及要求,包括教师为解决幼儿的问题而采取的一些措施等,使家长了解幼儿园,理解教师的意图和方法。

2. 主动消除顾虑,避免误会

事实上很多家长是带着"顾虑"送幼儿去幼儿园的,还有不少家长怕得罪老师,有意见也不敢提。对此,教师要主动了解家长的顾虑,揣摩家长的心思,抓住需要沟通的问题,选择恰当的时机和方式,开诚布公地与家长交流看法,并以实际行动及时地消除顾虑,取得家长的信任,让家长放心。幼儿出现意外情况时要主动及时地告诉家长,千万不能心存侥幸。如果家长发现问题再来询问,教师就会很被动,且易发生误会。

3. 主动沟通情况,正确对待并非合理的意见

有个别家长对教师不够尊重,对幼儿园工作有偏见,不了解教师的工作,甚至提出一些老师无法满足的要求,对此,教师应该保持冷静的心态,主动沟通情况,耐心地做好解释工作,坦诚交流看法,取得家长的理解。

(二)讲究谈话的技巧方法

幼儿园老师在与家长沟通交流时,要给家长以足够的尊重。那么在面对家长的某些不当之处时,教师应如何提出自己的意见或见解呢?

1. 单独提出,避免公开场合

单独提,避免伤害家长的感情。教师向家长反映情况,一般是在下午幼儿离园

时,这时家长和幼儿很多,如果不注意,其他的幼儿和家长会听到他们的谈话,这时,不管教师的语气多么温和,也可能得罪家长。有的家长可能因此迁怒于教师,造成双方情绪上的对立。

2. 先报喜,后报忧

不管是"对中有错,还是错中有对",幼儿点滴进步都要先告诉家长,报喜说明教师喜欢幼儿,然后再耐心诚恳地指出问题所在,能提醒的就不要批评。

用请教的态度和口气提出看法。如"这个问题我不太清楚,您能讲讲吗?您能和我谈谈幼儿在家里的情况吗?"尽量采取请教、商量的态度,把找出问题的主动权让给家长,耐心地听取家长的意见,使家长产生伙伴般的亲切感,也向家长证明你是相信他的,这样效果会更好。

3. 提出建设性的批评意见

在指出存在的问题时,教师要把注意力集中在幼儿的具体行为和表现上,就事论事。比如今天的午饭时间,关于毛毛的饮食习惯,挑食问题很严重。教师应该就挑食的细节讲给家长听,告知家长问题的具体情节,引起家长的重视,并给予专业的教育建议,希望家长在家庭中也注意挑食的问题。在这里强调一下,我们在批评幼儿存在的问题时,目的是希望幼儿获得进步和提高,而不是打击或者私心,所以批评的重点是如何改正,教师要多分析原因,提出具体的改进方法。

4. 学会换位思考

当家长遇到问题或困难时,教师一定要从家长角度考虑如何帮助他们。教师要学会换位思考,想家长所想、急家长所急,寻找让家长能够接受的解决问题的方法或途径。面对家长,教师不能一味地要求或者妥协,而是以专业的教育素养安抚家长的情绪,解决家长的问题,共同为幼儿的成长助力。

总之,跟家长交流是一门艺术,它需要幼儿教师从家长的角色出发,把握好家长的心理,因人而异,对症下药,"多报喜,巧报忧",那么大事化小,小事化了,达到事半功倍的效果。只有在相互尊重、平等的沟通、交流、合作中,家园共育才能发挥最大的教育潜能,幼儿才能得到更全面的教育。

思考与实践

思考练习

1. 如何建立稳定、和谐的师幼关系?
2. 结合幼儿的年龄特征,教师如何与家长有效沟通?

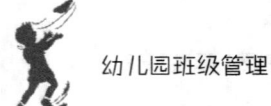
幼儿园班级管理

实践应用

教师萌萌是一名刚毕业的新老师,应聘到某实验幼儿园后,直接进入大班带班。主班苏苏老师是从小班一直跟上来的,所以班级里的小朋友都特别听苏苏老师的话,而对于萌萌老师的话不怎么放在心上,甚至有时候还会欺负萌萌老师。

如果你是萌萌老师,你会怎么做?

第七章

幼儿园班级中的其他管理

1. 了解幼儿园物品管理、财务管理、文案管理、信息管理的内涵及意义;
2. 理解幼儿园文案管理、信息管理的具体内容;
3. 掌握幼儿园财务管理、物品管理、文案管理、信息管理的具体措施;
4. 能够分析并评价幼儿园班级物品与财务、文案、信息管理效率;
5. 学会制定幼儿园班级管理计划书,解决幼儿园班级物品与财务、文案、信息管理的实际问题。

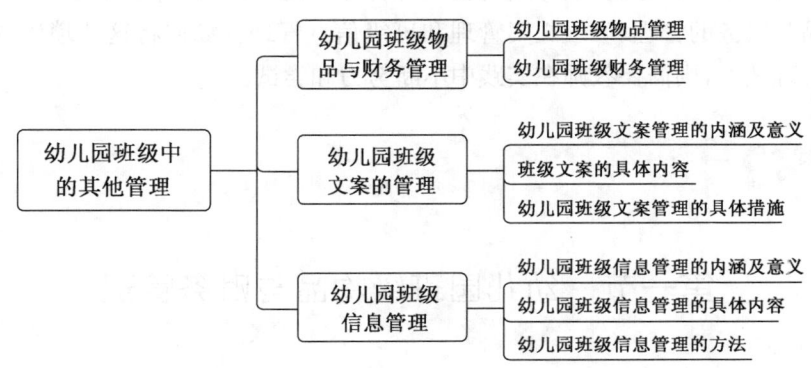

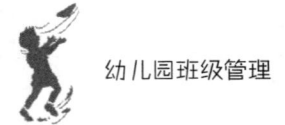

幼儿园班级管理

案例:"一个都不能少!"——家长也是班级环境创设中的一员①

家园联系一直是我园长久坚持的理念,由于受到传统教育观念的影响,我一直把家园联系的内容局限于幼儿在园的一日表现,比如,幼儿一日的学习情况、常规表现、班级或幼儿园举行的大大小小的活动,积极与家长进行联系,邀请他们参与。近日,园长开会时反复强调一个理念"开发新的家园联系资源",使家长真正成为幼儿园的合作者。为此,我提出了自己的独特想法,以幼儿园班级主题墙环境设计为切入点,与家长合作,使其参与到班级墙面环境设计中,定期更换主题,且根据主题的不同,家长参与的内容也会有所变化。

为此,根据我班幼儿特点,我将班级原来的墙面"小画家"改为了"优点展示台",并进行了重新布置:给每个幼儿设置一块充分展示自己优点的小专栏,请教师、家长共同发掘出他们自己的优点,请小伙伴也参与到活动中,说说对方的优点,汇集在一起,以心形小字卡的形式记录,展示到自己的一块小专栏中。在墙饰"多彩的秋天"里,更有家长从各类报刊上搜集到的美丽的祖国风光图片以及出门旅游时的各地照片;在"民间艺术"里,有奶奶剪的窗花、爷爷扎的风筝、妈妈编的中国结等。在"家园合作、同向同步"的班级环境创设中,我们认识到,只有让家长参与到富有创意的环境创设活动中去,才能让家长认识到环境对幼儿发展的意义,成为环境教育的支持者、理解者、欣赏者、参与者、创造者。让家长参与到我们的环境中来,会有效地促进家园互动。

幼儿园班级管理涉及班级运行的方方面面,除了前几章提及的一日常规管理、人际关系管理和安全管理、班级环境的创设与管理外,班级中的其他管理工作主要包括班级物品与财务的管理、班级文案管理和班级信息管理。如何将这些琐碎的事和物提升至管理艺术,则需要教师在实践中不断努力和尝试。

第一节 幼儿园班级物品与财务管理

一、幼儿园班级物品管理

幼儿的学习与发展离不开一定物品的支撑,教师教育活动的开展有赖于一定的

---

① 资料来源:任超.幼儿园班级主题墙的创设[J].山东教育,2012(9).

教辅材料,保育员也需要一定的卫生用品。班级物品是班级的重要组成部分,对于班级物品的管理也是幼儿教师不可忽视的管理工作。管理得当不仅可以提高班级工作效率,而且可以培养幼儿良好的行为习惯,使管理工作同时具有教育意义。

(一)幼儿园班级物品及其管理

幼儿园班级物品指的是除班级空间外的一切设施设备和所用之物。物品摆放得当,能为幼儿提供一个安全、整洁、有序的环境,既方便教师和幼儿对物品的使用,也为一日生活各个环节活动的开展提供了便利。反之,物品摆放不当不仅会影响教师和幼儿的活动,还可能存在安全隐患,威胁幼儿的生命安全。

幼儿园班级物品管理是指教师根据一定的班级教育目标,通过计划、组织、实施、调整等环节,将幼儿园班级内的一切物品进行规划、调整,优化班级物品管理,从而提高班级管理效率,促进教育目标的实现。幼儿园班级物品主要包括:幼儿生活物品(水杯、毛巾、衣服、被褥等);幼儿学习物品(画笔、图书、玩具、手工材料等);教师教学物品(电脑、录音机、黑板、教育参考用书等);卫生用品(消毒用品、扫帚、抹布、水桶等)及其他。通过加强对班级内物品的管理,可以提高设备和物品的使用效率,避免浪费和无意义的损坏、消耗,提高班级管理效率。同时,还可以营造有序的班级氛围,培养幼儿良好的物品使用习惯。

(二)幼儿园班级物品管理的原则

1. 为教育教学服务

物品是教师开展教育活动的物质保障,是促进幼儿发展的重要依托,对班级物品管理的目的在于更好地开展教育教学活动,物品供应的依据是教育教学的实际需要。同时,对物品的管理这一行为本身也是一种教育活动,渗透着对幼儿秩序感、生活自理能力的培养。

2. 勤俭节约

教师要做精打细算的好"管家",不铺张、不浪费,养成节约资源的好习惯。比如,涂鸦时倒出的颜料要适量,画完画的纸张可以用来折纸,破损的大箱子可以用在装扮游戏中制作公共汽车等等。在添购物品时,也要货比三家,选择物美价廉的商品。

3. 师幼共同参与

"两教一保"和班级的全体幼儿都是班级物品管理的主体,要注意调动班级每一分子参与班级物品管理的热情和积极性。将幼儿纳入班级物品管理中去,既有利于培养他们的责任感,也给他们提供了按类别整理好自己物品的锻炼机会。

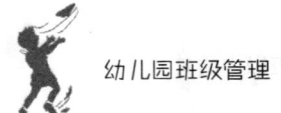

（三）幼儿园班级物品管理的具体措施

1. 建立"班级物品登记表"和"班级物品变损清单"，作为交换、检查的依据

学期初和学期末的时候对班级物品进行登记，并备有"班级物品变损清单"来记录日常教育活动中的物品损坏情况。表格的运用既便于幼儿园对各个班级的物品进行统一记录和分析，同时也切实提高了本班的物品管理效率。

表7-1　幼儿园×物品登记表

学期初登记时间		月	日		学期末登记时间		月	日	
类别	序号	名称	数量	单位	序号	名称	数量	单位	
教室木制品	1.	桌子		张	7.	区域柜		只	
	2.	幼儿凳子		张	8.	床		张	
	3.	杯柜		张	9.	半圆区域柜		只	
	4.	矮柜		张	10.	高凳		张	
	5.	书柜		张					
	6.	饭桌		张					
教室电器类	1.	消毒灯		盏	10.	录音机		台	
	2.	消毒柜		只	11.	电视机		台	
	3.	日光灯		盏	12.	DVD		台	
	4.	饮水机		只	13.	接线板		个	
	5.	电钢琴		架					
	6.	空调		台					
	7.	钟		只					
	8.	吊扇		盏					
	9.	广播喇叭		只					
教室塑料制品	1.	塑料晨检牌			12.				
	2.	大小塑料筐			13.				
	3.	纸篓			14.				
	4.	算盘珠							
	5.	泡沫垫							
	6.	建构积木							
	7.	迷你小筐							
	8.	积木							
	9.	红色塑料桌椅							
	10.	塑料玩具柜							
	11.	白色筐							
保管人签名：									

表7-2 幼儿园班级物品变损清单

物品名称	单位	数量	变损记载	备注

2. 物品分类放置、摆放整齐，保持物品的清洁、卫生

首先，班级内的物品种类繁多，许多小型物品不应混杂放置，而应将不同种类的物品进行分类。装物品的容器可以用不同的颜色加以区分，也可以在容器外面贴上醒目的标签以便于寻找。例如，幼儿园班级中盛放美工材料的盒子按颜色加以区分：红色的盒子用来放泥工材料，绿色的盒子则用来放纸工材料，蓝色的盒子用来放幼儿的作品等等。再如，柜子上的编号"A1""A2""A3"……按序存放各个主题活动的教辅用品。这样，无论是教师还是幼儿在使用过程中都能够做到一目了然，提高活动效率。

其次，物品分类之后，摆放要整齐且位置固定，每次用完物品之后要及时放回原处，以便下次使用，同时也培养幼儿整理物品的好习惯。另外，对于儿童的生活用品以及玩具等要经常清洗和消毒，确保儿童使用的物品干净、安全。对于班级内的设施设备等，也要经常清扫、擦拭以保持干净，尤其对一些设施设备内部等易忽略的地方更是要做到定期清洁。

3. 班级物品摆放的位置和高度适宜，便于幼儿取放物品

摆放位置的总体原则是便于幼儿开展活动，最大限度地把空间留给孩子。为此，幼儿常用的一些玩教具材料，比如水彩笔、手工纸、橡皮泥、图书绘本等物品的摆放要照顾幼儿的身高，便于幼儿根据活动需要自主取放。切不可为了单纯的美观或所谓的整齐，而忽视了幼儿的需要和安全。

4. 建立健全班级物品管理制度，既分工负责又通力合作

班级是一个整体，班级三位教师应共同参与班级物品的管理。在尊重个人意愿的基础上，按照"谁使用、谁保管、谁负责"的原则进行民主分工：由保育员负责班级清洁用品和幼儿生活用品的管理；带班教师管理教师教学用品和幼儿学习用品。在分工的同时也要通力合作，比如当保育员身体不适时，带班老师也应主动帮忙来协助保育员搞好物品的清洁消毒工作；在更换墙面主题活动或教育教学督查时，保育员也可以尽其所能地做些准备工作。三位班组老师互通有无，一起打理好班级这个家，做到管理有序、物尽其用。

5. 为每位幼儿提供"专柜"存放私人物品

根据帕斯特兰(Pastalan,1971)的理论，所有个体，包括幼儿都需要一个独立拥

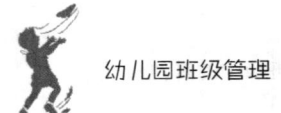

有和守护的空间——这个具体的空间对一个人的个性形成很有必要,这个空间不容他人侵犯。《3—6岁儿童学习与发展指南》也建议幼儿园班级能够"提供一些纸箱、盒子,供幼儿收拾和存放自己的玩具、图书或生活用品等"。幼儿园班级在条件允许的情况下,不妨为每位幼儿配备一个小柜子或小箱子,这既满足了幼儿"个人空间"的需求,也为他们自主管理个人物品提供了便利。

二、幼儿园班级财务管理

在现行的幼儿园财务管理制度下,幼儿园班级的财务管理权限有限,但终究是涉及"钱"这一敏感话题,为此教师也就不得不格外谨慎,重视班级的财务管理,做好班级财务的预算、结算和监督工作,让财务的运行公开透明。

(一)幼儿园班级财务管理的内涵及意义

班级财务管理是在幼儿园管理的统领之下,对涉及班级经费的方面进行预算、实施和结算。例如,在开学时收取一定的班费用于班级日常开支,或者在六一儿童节、元旦、运动会、毕业庆典之际,各个班级往往也会开办一些大型活动,购买一些活动用品等,这就涉及班级财务的管理。虽然班级财务管理涉及的费用不多,但对每一笔经费的收取和支出,都应明确记录、公开透明、严格管理。办公经费、幼儿用品费以及幼儿伙食费是幼儿园财务管理中与班级财务管理不可分割的内容,如何最大限度地发挥经费的效益是幼儿园财务管理的主要任务,而幼儿园有限的经费也使得这一任务变得更加艰巨。合理的班级财务管理不仅可以使整个班级的管理更有效率,而且可以促进整个幼儿园财务管理的良性循环。

(二)幼儿园班级财务管理的具体措施

1. 制定科学合理的班级预算和决算

为了避免因盲目花钱而降低效益,收取的费用一定要经过家委会讨论,并做好预算。班级预算应该遵循幼儿园预算的原则,即"量入为出、统筹兼顾、保证重点、收支平衡"。这就意味着班级预算不仅要全面安排,还要分清主次轻重,留有机动的余地,以便解决计划外的特殊需要。教师结合本班实际情况,在和家长共同商讨制定预算后,应认真遵照执行,中途不得随意再收取费用。

2. 制定和完善班级财务管理制度

为了严格班级财务管理,必须建立健全班级财务管理制度,从幼儿园领取的办公经费、幼儿用品费,都要记录在册,做到一切账目有据可查。同时,对于班级财务管理制度的不合理之处,也应该及时讨论,并做以增补修改。

3. 做好班级财务管理的监督工作

在按照制度执行的时候,还要做好监督工作。每一笔经费的收取和支出,一定要

第七章 幼儿园班级中的其他管理

加强监督,严格管理,建立台账,支出和管理记录应分由两个人负责,避免公私不分、账目不清。账目应当定期向家长公开,做到公开、透明,赢得家长的信任。

第二节 幼儿园班级文案的管理

一、幼儿园班级文案管理的内涵及意义

幼儿园班级文案是指教师依据幼儿园教育目标,为促进教师自身专业发展或完善班务而写的相关文章,主要包括教师教育笔记、观察记录、个案分析、保育笔记、班级工作计划、家园联系手册等。

班级文案管理是教师对班级文案材料的收集、整理、归类和保存等,它是考核教师工作成绩的依据之一,也是教师教育工作经验的积累。做好幼儿园班级文案的管理,是教师反思自己教育教学能力和班级管理能力的重要途径,不仅有助于教师专业化发展和班级管理效率的提高,而且有助于整个幼儿园保教质量的提高。

二、班级文案的具体内容

(一)教师教育笔记

教师的教育笔记是教师工作反思的真实记录,教师在每天的工作当中,会遇到各种各样的问题,教师可以随时记录发生的教育事件和教育问题。教育笔记是教师总结积累教育经验、探索教育规律、增强职业情感、提升教育智慧的有效途径,也是教师专业发展的实物见证。

 案例研究

我写了八年教育笔记[①]

我写教育笔记已有八个年头了,最大的收获就是提高和充实了自我。想当初,园领导要求我们写教育笔记,我颇感头疼。每天带孩子,生活琐碎,觉得没有什么好写的。为了完成任务,我硬着头皮写了几篇,往往是简单肤浅地谈点学习体会。但写了几篇后,发现还有点意思。于是,我便经常把自己在教育教学中的感触记下来,坚持写起了教育笔记,日积月累,我渐渐感到写教育笔记好处很多。现在,我能通过写教育笔记有针对性地去研究和分析发生在自己身边的教育事例。写教育笔记也早就不

---

① 资料来源:张小雯.我写了八年教育笔记[J].幼儿教育,2000(6):23.

再是负担和任务,而是需要和乐趣了。

写教育笔记,使我成为有心人。从幼儿生活琐事到活动组织过程,从幼儿园教育到幼儿家庭教育,我都注意观察、分析,不断拓展笔记的范围和内容。

写教育笔记,促使我自觉主动地去学习教育理论,因为没有理论的指导,再多的实践也难以得到提高。我用理论指导自己的教育教学活动,提高了教育教学水平,也提高了自我评估教育教学质量的能力,提高了总结教育教学经验的水平。我在工作中大胆开拓,勇于实践,不断进取,感到了从未有过的充实。

写教育笔记,培养了我工作有计划、有总结的好习惯。以前,我很少认真思考和总结自己的工作,日复一日,进步不大。现在,我对自己做过的事都进行认真分析和思考。不断总结,不断更新、转变观念,把新知识、新方法运用到自己的工作中去,提高了工作效率。

(二) 观察记录

观察记录主要是指教师根据一定的教育目标,对幼儿在日常生活和学习中的行为进行观察并记录,作为分析孩子个性特点、发展情况的依据。观察记录的方式是多种多样的,常用的有连续记录法,频数记录法,符号记录法,录音、照片、摄影等现代记录技术与手段。相应的观察记录材料可以作为评价幼儿发展、教研讨论或与家长进行沟通的鲜活素材。幼儿教师唯有潜心观察、客观纪录、全面解读,才可能逐渐走近幼儿的世界,并做出适宜的教育行为。学会观察和记录是当下教师的必修课,也是教师专业发展的关键。

案例研究

教师观察记录示例[①]

××是一名大班插班的新生,比较怕生,下面是教师的观察记录。

记录一:进行区角活动了,大家急不可待地选择自己喜欢的活动。××像往常一样,看着同伴忙碌,不知道自己该选择什么。老师知道他是怕生,不敢去参加这些活动,也怕同伴不欢迎。于是,主动问他想参加什么活动,他摇摇头,当问到图书角时,××点点头。于是他去看书了,过了一会儿,老师让他讲给老师听,发现他讲得很好,于是在结束活动的时候,老师表扬了他,××的眼神自信了很多。

记录二:又是区角活动了,看着其他孩子早有准备地邀请同伴一起玩某个区角时,我特别注意观察××,看他今天会不会接受别人的邀请或主动提出要求。他先是

---

① 资料来源:张向军.关于幼儿观察记录的园本教研[J].早期教育,2007(10).

观察同伴的活动,迟迟没有行动。终于,他自己走向了图书角,我走过去和他一起看了一会儿,算是对他主动看书的奖励。结束时,我又让他为大家讲书中的内容,他显得非常高兴。

(三) 个案分析

个案分析主要是指教师在和幼儿的相处中,除了注重班集体的建设,也要非常关注幼儿的个性特征,对于个别幼儿的典型问题采取不同措施,教师应特别注意部分幼儿的特殊需要。

案例研究

一个有隔代教养记录的幼儿案例分析①

一、幼儿个案

王子涵,四岁,男孩,他是从托班升班上来的孩子。在与家长的第一次碰面会中,涵涵的妈妈就提出要每天给孩子带一袋奶来园喝,说是孩子特别喜欢喝奶;还跑到寝室给孩子找了一张在中间的床,说是孩子特别容易上火,不能睡在靠在暖气旁边的床上。作为老师对家长这样的要求,很是理解,但我也因此决定要全面观察和了解这个孩子。

(一)入园的第一天,涵涵是老师从她妈妈的怀里被接过来的,他边哭边说妈妈早点来接,还一边用手不住地对着妈妈做出"飞吻"的动作。接下来就是不停地哭闹,因为我要组织其他孩子的活动,涵涵就一直跟在保育老师的身后。一个星期下来,都是这样的情况。不管老师用什么方式来哄,他都像没听见一样,根本不理会。

(二)吃饭时,自己把馒头掰碎泡在菜汤里,反着小勺舀菜吃,老师不喂,自己不能吃完一份饭菜,还要弄得桌上、地上全是饭粒。

(三)活动的时间,涵涵都是独来独往,好不容易能坐在小椅子上了。起初,是自己坐在那里不动也不说,后来就是用手指碰这个小朋友脸一下,再用脚踢那个小朋友一脚,旁边的孩子总来告他的状。老师很想跟他聊一聊,是怎么一回事,他的表情告诉你:我不跟你谈,不关你的事。

(四)午睡时,自己在床上忙很长一段时间,先把袜子脱下来,藏在被子里,然后把枕巾放在嘴边上,有老师来陪才能睡着。

(五)出勤:一个学期下来,涵涵就要请上两个月的病假,日常的习惯刚刚有点起色,他又回家不来园了。孩子来园的每一天,总要吃药,吃完药还要吃上一块糖。不

---

① 资料来源:马霞.一个有隔代教养记录的幼儿个案分析[J].山东教育,2003(10).

吃药也吵着嚷着吃糖,不吃就不高兴。

二、原因分析

我们一直在努力与涵涵的妈妈交流和讨论,因为每次总是妈妈来园接孩子,偶尔奶奶来接一次,而且是两个奶奶(一个是亲奶奶,一个是王奶奶),但是效果都不是很明显。于是我们决定去家访。通过家访,对孩子的家庭环境有了更深的了解,萦绕在脑海里的许多问题也有了答案。

(一)家教环境方面的原因

涵涵三岁前一直住在奶奶家,因为亲奶奶退休后又返聘回本单位上班,于是家里另外请了一位王奶奶照顾孩子和家务。涵涵的妈妈接回孩子后都是在王奶奶家里吃完晚饭后才回自己家的。爸爸工作忙,基本上不回家吃饭。再说,涵涵的妈妈在这个大家里,几乎什么家务也不做,唯一的任务就是陪儿子,孩子对母亲的过度依恋,也是与这样的环境有关系的。孩子上了幼儿园,一有点小感冒,马上留在家里,由王奶奶照顾着,一百个放心。这是个五个大人围着一个"小皇帝"转的家庭。

(二)家长方面的原因

1. 祖辈的过度包办:涵涵亲奶奶过度的溺爱,有老一辈教育的共性:就这么一个孙子,唯恐孙子冻着、吃不饱。孩子的王奶奶,可以说是责任更大,又要做饭还要照顾孩子,孩子想做什么就做什么,一切都是顺着孩子的意愿。还有一点就是大人满屋子追着喂饭,孩子在家根本不自己拿勺吃饭,这样很自然就有了孩子刚入园时进餐的情景。

2. 父母教育的不协调:涵涵的妈妈有教育孩子的意识和方法,善于跟孩子交流,遇到问题采取商量的办法,讲道理,孩子的语言发展还是可以的。但是,在对待孩子的生活习惯培养上,包办、代替的太多,与老人的教育也没有协调一致;对于孩子交往方面的需求不重视,没有给孩子创设必要的同伴交往环境,主要是单一地与大人交往的环境,使得孩子入园后不知道怎么跟小朋友交流和游戏。孩子三岁前的教育,涵涵的爸爸基本上没有参与。曾有研究指出:孩子的成长,缺乏父亲的参与,过度的母子情感联结会使孩子变得幼稚和依赖。父亲的作用表现为把依恋中的母子分开,以促进孩子独立性的养成并形成平衡的家庭情感。

三、对策

针对涵涵的情况,我们在家访的基础上,又专门找孩子的父亲交谈了几次,明确了教育引导的方向:家园一致要求,父母协调教育,家庭成员达成共识,并坚持循序渐进的原则,从日常的生活习惯开始培养。

首先解决"吃泡饭的问题":利用园保健医生巡回观看幼儿进餐的时间,请其给涵涵讲为什么不要吃泡饭的原因,然后每次进餐前老师还要提出要求,其中有一位老师有意识地个别指导涵涵,并且连续指导一周,在这一周里家长也要跟上,最后老师与家长一起讨论交流。涵涵的爸爸说:我们明显感觉出了孩子的进步,体会到了家园一

致教育的效果。

其次是坚持送孩子来园:涵涵从小体质不好,一感冒就咳嗽。但是据老师观察,平时家长给孩子穿得太多,我们上操时家长还要叮嘱说要给孩子穿上外套,实际上孩子并不冷,这只是大人主观上的判断而已。我们就从试试看开始,逐渐地让涵涵跟大家一样。终于有一天涵涵的爸爸来说,老师,我总算明白了一个道理:孩子老是感冒,是因为我们保护得太厉害了,从小就是车接车送,经风雨少了。孩子入园的第二个学期已经近两个月了,涵涵一直坚持来园,虽然还是不间断地吃药,这已经是非常不容易了。

再次是融入集体:涵涵能坚持来园了,跟小伙伴的关系也越来越熟悉了,但是还有一个问题,就是以前下午妈妈总是提前来接,涵涵每到这个时间就盼着妈妈来,精力总不在自选活动上。其实下午的自选活动时间,同伴之间的交往更随意,更容易使孩子自由选择同伴来活动。于是,我们向家长提出逐渐晚些接孩子。家长非常配合老师的建议,涵涵也在老师和爸爸妈妈的共同努力下,慢慢地融入班集体中。现在我们经常见到的是,涵涵的爸爸妈妈一起来接孩子,每一次都能跟老师交流一下孩子近期的表现,以便教育更有的放矢。

从一个孩子的成长中我们深深地感受到:家庭环境是孩子养成良好行为习惯的基地,家长是孩子的第一任老师;幼儿园使一个从单一的交往环境中走出来的孩子有了一片满足交往需要、感受同伴关系的快乐的天空;老师就是牵着孩子们的手,引着他们走向灿烂的"一根绳"。

(四)保育笔记

幼儿教育的特征就是保教结合,保育是非常重要的方面。保育员在进行保育的时候也会遇到各种各样的问题,并对自己的保育经验进行记录。保育笔记也是保育员进行反思的重要依据,是保育员专业化的见证。

(五)班级工作计划

班级工作的有序开展离不开周密的班级工作计划,在学期计划、月计划、周计划甚至是一日活动计划的引领下,逐步使幼儿园的办园目标具体化、阶段化和层次化。

1. 班级工作计划的基本结构

班级工作计划是班级建设和管理的行动纲领,一般来说班级工作计划的基本结构包括以下几个方面:

(1)班级情况分析:包括上一阶段班级工作的总结、幼儿的发展水平和特点、班级管理工作中的有利条件和不利因素、可利用资源和存在的主要问题等。

(2)工作目标:包括班级工作的总目标、阶段性目标和各层次具体目标等,制定

的目标需要综合考虑园务工作计划、班级的实际情况、教师及其他客观条件,要有针对性,能突出重点。

(3)实施措施:为实现班级工作各个阶段目标所准备开展的教育活动及其内容、形式、时间和相应的负责人等。

2. 班级工作计划的常见类型

班级工作计划按照时间跨度分为学期计划、月计划、周计划和具体活动计划等类型。

学期计划是教师在开学之初制定的计划,是整个学期班级工作的总纲。

月计划或周计划是根据学期计划的进程或某一特定任务(比如小班九月份的入园适应问题、六一前的活动准备),在当月或当周开始前制定。计划包括活动的具体内容、确切时间、特定地点以及活动开展的方式和相应的执行人员等。由于幼儿园的教育活动形式大多是以主题活动的形式进行,每个主题的时间跨度大致为一个月左右,因此月计划有时也称为主题计划。而周计划则是月计划的具体化,将月计划制定的教育目标和任务细分到每周需要实现的教育目标和具体任务。

具体活动计划,这是为开展某一具体活动而制定的计划。教师的备课本就体现了具体的活动计划,备课本主要记录教师在每一次具体教育活动之前对本次活动的预设过程以及活动之后的反思。这种计划要制订得十分具体,各种准备工作都应该详尽细致。①

计划制定好后,就具有导向和约束作用。教师要自觉地检查计划的执行情况;当客观情况发生变化时,需要及时地修改和调整计划;在计划执行结束时,需要对计划的执行过程做出评价和总结,以便于日后计划的制定和执行。

(六)家园联系手册

家园联系手册是与家长进行联系,向他们报告儿童各方面的发展情况,征求他们的意见、见解,并共同探讨与分享育儿方法、经验的文本性材料。教师可以在联系手册中介绍最近一周的幼儿园活动内容和幼儿的动态,并为家长提供科学的育儿观、教育观等,同时也能够调查幼儿在家庭中某一方面的行为变化;家长则可以与老师谈谈育儿心得,向教师征询幼儿在园的表现,提出对班级管理的意见等。

三、幼儿园班级文案管理的具体措施

(一)清晰规范

一般来说,幼儿园会给班级教师统一发放记录材料,教师可将自己的教育笔记、

---

① 陈尚弼. 班级工作计划制定浅议[J]. 滁州师专学报,2003(2):50-51.

观察记录等文案材料按照规范书写清楚,并予以妥善保管。这些文案材料日积月累下来,就成了教师个人的工作财富,不仅有利于教师个人的专业发展,也促进了整个幼儿园保教质量的提升。

(二)保管得当

属于教师个人的材料由教师个人保管,属于班集体的材料应当安排专门空间进行保管。班级教师应根据幼儿园的要求,建立或落实班级文案材料的保管制度,将不同的文案材料分门别类、整理归档,并存放在幼儿接触不到的特定位置。

(三)方便查看

对班级文案材料进行管理,是为方便幼儿教育工作,文案材料是一个班级一切工作的记录,因此有关班级材料,无论是由个人还是集体共同保管,都要便于园所领导、班级同事和自己查看。

第三节 幼儿园班级信息管理

一、幼儿园班级信息管理的内涵及意义

幼儿园班级信息是指关于每个幼儿及其家庭的相关信息,也包括班级内部活动的宣传性信息等,主要包含幼儿信息、班级教育活动信息和班级日志信息。幼儿园班级信息管理主要是对班级信息的收集、整理、归类及保存等。

教师收集和整理班级信息的过程实际上是对已经实施的教育影响的反思,是对幼儿学习情况的观察、总结和提炼的过程。在这个反思过程中,教师发现自己教育行为的不足并对其改正,获得教育水平的提高,从而提高整个幼儿教育的保教质量。同时,班级信息管理也为班级保教质量评估提供了素材,是班级保教质量评估的依据。班级信息管理还为幼儿园积累了大量的历史资料,也有助于园际教育信息交流,密切家园联系,为幼儿和家长留下美好的回忆。①

二、幼儿园班级信息管理的具体内容

(一)幼儿信息

1. 幼儿学籍档案

学籍档案管理是指幼儿从入园到毕业离园期间幼儿学籍的增加、查询、删除、修

---

① 张莅颖.幼儿园班级管理[M].北京:高等教育出版社,2010:98-99.

改等管理工作。幼儿学籍档案的内容主要包括：幼儿的入学年月、幼儿的基本情况，如幼儿的姓名、性别、出生年月、年龄、住址、家庭成员以及家长的联系方式等。

学籍档案作为教师了解幼儿的第一手资料，应该尽量详尽地记录幼儿的整体情况，尤其是幼儿家庭及家庭成员的情况，以保证真实有效地反映幼儿成长的状态。班级教师应该为班里每一位幼儿准备一份学籍档案，且要根据具体情况不断地更新内容，保证信息的时效性。

2. 幼儿成长档案

成长档案是幼儿成长过程的记录，它集合了孩子成长过程的各种物证，包括孩子活动的照片、孩子的作品、教师评语甚至是一些有纪念意义的语音或视频材料等等。其目的在于生动地反映幼儿的爱好、态度以及努力进步与成就。成长档案袋由于与发展性评价的理念相吻合，将评价过程与结果融为一体，综合运用了多种评价方法，如观察法、谈话法、作品分析法等，逐渐为幼儿园教师欢迎和广泛使用。但是在应用的过程中，不少老师过于注重档案的外观精美、材料齐全，而忽视材料的评价功能，实乃本末倒置。在档案袋整理的过程中，教师可调动幼儿与家长的兴致，让家长提供幼儿在家的活动材料，过一段时间后和幼儿一起分享成长过程的点点滴滴。

3. 特殊儿童信息

在融合教育的趋势下，在正常的学前教育机构班级内，也会存在一些特殊儿童，比如自闭症儿童、脑瘫儿童、发展滞后儿童等有特殊需要的儿童。由于这部分儿童的特殊性，教师对特殊儿童信息的管理也就区别于正常儿童。特殊儿童信息除了一般的学籍档案和成长档案外，还应有儿童的发育情况、个案发展史等。

4. 幼儿家长的相关信息

家长信息是班级信息的重要组成部分，教师也应该有针对性地收集家长信息。家长信息主要包括家长姓名、工作、联系方式、特长以及家长的教育观念、家庭的教育氛围等，这些信息有助于教师更好地了解每个家长的教育方式，从而有针对性地指导家长；也有助于教师更好地了解来自不同家庭背景的儿童，在教育中做到有的放矢。另外，教师在收集家长信息的时候应注意只收集与幼儿教育有关的信息，不过多打探家长隐私，并且不随意公开家长信息。

（二）班级教育信息管理

班级教育信息管理是指针对班级在教育教学活动中形成的具有参考价值和保存价值的信息的收集、记录和整理。例如，教研活动的反思、主题活动的教案、亲子活动的照片、班级参加的春游、歌舞表演活动等。

（三）班级日志管理

班级日志一般指班级、时间、主班教师、配班教师、保育员、幼儿出勤率、幼儿健康状况、当天的突发事件等基本信息记录。班级日志由当天的带班老师如实填写，并在交接班时对特殊情况进行交代。

三、幼儿园班级信息管理的方法

（一）通过各种途径收集信息，信息要全面、有效

在当今这个信息化社会，教师一定要具备信息的采集和鉴别能力，做到既眼观六路、耳听八方，又火眼金睛、可辨真假。既关注社会大环境，又善于利用幼儿园小圈子内的各种资源，充分运用网络、家长、园长、同事等沟通渠道，敏感捕捉各类有价值信息，比如通过网络学习国内外幼儿教育界的新思想、新经验、新做法，通过家长了解一些不错的幼儿图书或玩具购买点，通过园长获悉培训学习的机会，通过同事推荐浏览一些优质的幼教网站或参考用书。

（二）做好班级信息管理的计划，对于收集的信息进行整理、归类，便于查阅

对于收集到的信息，教师还应该做好信息管理工作，首先就要制定计划，确定一个学期信息管理的主要目标，然后制定每月、每周甚至每天的具体计划，确定每天要做的事情，并将一些重大事件单独列出，及时与人沟通。另外，在学期末的时候，对整个学期信息管理的工作要进行总结和完善。通过计划、实施和总结的一系列工作，信息管理的工作得以完成。这样一来，及时收集到的信息不会杂乱无章，也便于查阅。

（三）对于涉及幼儿、家长隐私的信息，应做好保密工作

由于教师收集到的大部分信息是关于幼儿和家长的，其中有些信息还是涉及幼儿和家长隐私的信息，如家长的不良嗜好等，对于这样的信息，教师不应该随意公开，要做好信息的保密工作。

（四）幼儿和家长参与班级信息管理

教师在收集信息时，有很多是来自家长方面的信息，家长是重要的信息收集渠道，因此在信息收集过程中应充分调动家长参与进来，同时还要调动幼儿参与进来。例如，在制作幼儿的成长档案时，家长和幼儿都很感兴趣，家长很乐意提供关于自己孩子成长的趣事。成长档案的很多内容也可由幼儿来完成，例如可以让幼儿画一幅自画像作为封面，也可以将幼儿的其他作品放置其中，教师再加以整理。这样一本由教师、幼儿、家长共同完成的成长档案比教师一个人单独制作有意义得多。

思考与实践

思考练习

1. 班级信息的具体内容与管理方法有哪些？
2. 简述班级物品与财务管理的内涵与方法。
3. 班级文案的具体内容与管理方法有哪些？

实践应用

1. 选择一所幼儿园的一个班级，对该班的班级物品与财务、文案、信息等这几个方面进行分析并评价，并提出一些改进方法，以提高班级管理效率。

2. 假如你现在是幼儿教师，你会如何管理好班级？分成小组，制订一份班级管理计划书，在课上分享和讨论之后，找一个幼儿园班级去实施看看效果如何，如果有不好的地方再加以改正。

参考文献

1. 王劲松,林波.幼儿园班级管理[M].北京:北京师范大学出版社,2013.
2. 张燕.幼儿园管理[M].北京:人民教育出版社,2009.
3. 朱家雄,张亚军.给幼儿教师的建议[M].上海:华东师范大学出版社,2010.
4. 陈群,马和民.幼儿园危机管理实务[M].北京:中国轻工业出版社,2009.
5. 张富洪.幼儿园班级管理[M].上海:复旦大学出版社,2016.
6. 赵春龙.幼儿园班级管理[M].长沙:湖南大学出版社,2016.
7. 何孔潮,王其红.学前教育学[M].重庆:西南师范大学出版社,2018.
8. 刘志慧.幼儿园班级管理[M].重庆:西南师范大学出版社,2018.
9. 左志宏.幼儿园班级管理[M].上海:华东师范大学出版社,2015.
10. 张金陵.幼儿园班级管理[M].上海:华东师范大学出版社,2015.
11. 谷瑞勉.幼儿园班级管理:反思性教师的思考与行动[M].北京:北京师范大学出版社,2016.
12. 王雯.幼儿园班级管理[M].武汉:武汉大学出版社,2017.
13. 史爱芬.幼儿园班级管理案例分析[M].上海:复旦大学出版社,2019.